ちくま新書

現代語訳 論語

齋藤 孝＝訳
Saito Takashi

877

現代語訳 論語【目次】

はじめに

『論語』は、孔子を中心とする孔子一門の言行録です。孔子の直接の弟子、その弟子の弟子が記録したもの、と伝えられています。その意味では『新約聖書』に似ていて、『聖書』がイエスの著作でないように、『論語』も孔子自身が書いたものではありません。また、ほとんどは孔子が言ったこと、行なったことを記録したものですが、それ以外に、弟子たちの言葉も収められています。

孔子は、古代中国の思想家で、いまから約二千五百年前の人物です。しかし、その言葉は『論語』に残り、中国で、そして日本で長く読まれ、多くの人に影響を与え続けてきました。まさに古典中の古典と言えるでしょう。

それだけ有名な本ですから、よい訳も、よい解説書もたくさんあります。その上で、あえてここにあたらしい現代語訳に踏み切ったのは、「すっと読めて」「完全にわかる」『論語』というものを提示したいと思ったからです。

原文や書き下し文や注釈などはなしで、「訳文」だけを独立したものとして読み通すだけで、孔子の言いたいことがくっきりと伝わってくる。本書はそういうスタイルの本を目指しました。

訳文を作るにあたっては、バランスのよさ――『論語』の言葉でいえば、まさに「中《ちゅう》庸《よう》」です――を第一に心がけました。精確さを期するあまり、訳文が固くならないよう、また敷居を下げるためにくだけすぎないようにと考えて訳しています。意味は取りやすく、原文の品と力、そして香りは残したい、という方針です。

原文の香りの出し方としては、なるべく原文の漢字を生かして、そのニュアンスを出すべく工夫してみました。

たとえば、〈義〉という言葉。これは『論語』の中でもキーワードとなる重要な言葉ですが、この一字には、この字ならではのイメージ喚起力があります。この力は、長い伝統を通してわれわれの血肉となっています。もちろん、『論語』での用法は、私たちがいま考える〈義〉のイメージとは必ずしも完全に合致してはいないかもしれません。しかし、いずれにせよ、外から単に知識として取りこむというよりは、自分の中にあるものを、自分自身で鮮烈に再発見してもらいたい。そう考えて、それぞれの字を生かしつつ、それに説明を加える、というスタイルを取りました。

このようなことが出来るのも、漢字文化圏にある日本の特権です。たとえば、英訳でも、きちんと意味の通った訳は出来るでしょうが、このような一字一字の伝統的な力をそのまま生かすことはできません。その意味で、「日本語で『論語』が読める喜び」というものを、味わっていただければいいな、と思います。

「訳文だけでわかる」スタイルを貫くため、本来であれば注釈で解説すべきところ、またそれぞれの発言の文脈なども、本文の中に入れ込んで訳すようにしました。また、発言や行動について、やや「解釈」的に言葉を付け足した方が、理解に便利であろう、と思われるところについては、（　）内に言葉を補った箇所もあります。また、人口に膾炙《かいしゃ》したフレーズ、書き下し文のリズムを味わってほしい箇所については、「　」の中に書き下しを載せています。

古典はわずらわしいもの、堅苦しいもの、と感じることなく、気軽に触れていただくことによって、多くの人——学生、ビジネスパーソン、あるいは仕事を引退した人たち、どんな立場の人であっても、「学びたい」という意欲のある人はみな『論語』の想定読者です——に、直接、孔子の発する言葉や行動の「意味」に触れてほしい、そういう願いをもって、この本を訳しています。

学而第一

1

先生がいわれた（以下、先生は孔子のこと）。

「学び続け、つねに復習する。そうすれば知識が身につき、いつでも活用できる。実にうれしいことではないか。友人が遠くから自分を思い出して訪ねてきてくれる。実に楽しいことではないか。世の中の人が自分のことをわかってくれず評価してくれなくても、怒《いか》ったりうらんだりしない。それでこそ君子ではないか。「学びて時にこれを習う、また説《よろこ》ばしからずや。朋《とも》あり、遠方より来る、また楽しからずや。人知らずして慍《うら》みず、また君子ならずや」」

2

先生の門人の有子《ゆうし》がいわれた。

「〈孝〉（父母によく仕えること）と〈悌《てい》〉（兄や年長者によく仕えること）ができている人柄でありながら、目上の人に対して道理に外れたことをするのを好む者は、ほとんどいない。目上に逆らうことを好まない者で、乱を起こすのを好む者は、いない。

君子は〈本《もと》〉、つまりものごとの根本に力を尽くす。〈本〉、つまり根元が定まって、〈道〉、道理が生じる。孝と悌の二つの徳こそ、最高の徳である〈仁〉（自然に湧くまごころ、愛情）の本であろう。」

3

先生がいわれた。

「口ばかりうまく外見を飾る者には、ほとんど〈仁〉はないものだ［巧言令色《こうげんれいしょく》、鮮《すくな》し仁］。」

4

先生の門人の曾子《そうし》がいわれた。

「私は毎日、三つのことについて反省する。人のために誠心誠意考えてあげられたか。友人とのつきあいで〈信〉（言葉と行ないが一致すること）であったか。しっかり身についていないことを、受け売りで人に教えたのではないか、と。」

5

先生がいわれた。

「戦車千台を有するような大国を治めるには、事業を慎重に行ない、民《たみ》から信頼を得ること、無駄な出費を抑えて節約し、民を大切にすること、民に労働させるにも農業のひまな時期を選ぶといった気づかいをすること、などが必要だ。」

6

先生がいわれた。

「年少者の心がけとしては、家の中では孝を尽くし、外では年長者に仕えて悌を尽くし、つつしみ深く、誠実であること。そして、世の中の人々を広く愛し、仁者に近づき親しむ。こうしたことを行なってまだ余裕があれば、『詩経《しきよう》』『書経《しよきよう》』などの書物を学ぶことだ。」

7

門人の子夏《しか》がいった。

「美人を好むかわりに、賢人を尊敬し、父母に力を尽くして仕え、主君には身をささげて仕え、友には約束を守る〈信〉の気持ちをもって交わる。そんな人物なら、その人が『いや自分の学問はまだまだです』といったとしても、私は学問をした人だと評価するだろう。」

8

先生がいわれた。

「君子は中身のある重厚さがなければ、威厳がない。学べば、〈固〉、すなわち頑固でなくなる。内から出たまごころである〈忠〉と、うそをつかない〈信〉を、生き方の中心にし、自分よりも劣った者を友人にはしないように「己に如《し》かざる者を友とすること無かれ」。もし自分に過失があれば、ぐずぐずしないで改めなさい。」

9

曾子がいわれた。

「人の上に立つ者が、親をしっかり弔《とむら》い、祖先を供養するなら、民の徳も感化されて向上するだろう。」

10

門人の子禽《しきん》が、先輩の子貢《しこう》に、先生についてこうたずねた。

「先生はどこの国に行かれても、その国の君主から政治についての相談を必ずお受けになられますが、あれは、先生がお求めになられるのでしょうか、それとも君主からのお求めでしょうか。」

子貢は、こう答えた。

「先生は、〈温《おん》〉（温和）・〈良《りょう》〉（やすらかですなお）・〈恭《きょう》〉（つつしみ深くおごそか）・〈倹《けん》〉

〈倹約で節度がある〉・〈譲《じょう》〉（人にゆずる謙譲）という五徳を備えていらっしゃるから、君主の方からお求めになるのだ。

しかし、先生御自身もそのような相談を受ける機会を待つところがおありになったはずだから、まったくお求めにならなかったというわけではない。先生のお求めになり方は、自然に相手を動かすもので、他の人のようなもの欲しげな求め方とはちがっているのだ。」

11

先生がいわれた。

「父親が生きているうちは父の志を学び、死後は父のなしたことから学ぶ。死後三年間、父の道を変えないのは〈孝〉（親孝行）といえる。」

12

有子がいった。

「〈礼〉（儀式のさだめ）の活用は、和と一緒になってうまくいく。かつての聖王のやり方も、礼と和が両輪となって立派だった。実際には和を大切にするだけではうまくいかないことがある。和の精神がわかっていて仲よくしていても礼でけじめをつけないとうまくいかない。」

13

有子がいった。

「約束を守る〈信〉の心が〈義〉の精神に沿っていれば、約束を履行できる。丁重に人に接する〈恭〉の心は、〈礼〉に沿えば人から軽んじられにくい。人に頼るときは、親しむべき人をまちがえなければ、うまくいく。」

14

先生がいわれた。

「君子は食に貪欲《どんよく》でなく、住むところにもこだわらない。仕事を素早くこなし、余計なことを言わない。そして、道理をわきまえている人に学んで、自らを正す。こうした人は『学を好む』と言える。」

15

子貢が先生にこうたずねた。

「貧しくてもへつらわず、金持ちでもいばらないというのは、どうでしょうか？」

先生が答えられた。

「悪くはないね。だが、貧しくてもなすべき道を楽しみ、金持ちでも礼儀を好むというのには及ばない。」

子貢がいった。

「『詩経』に『切るがごとく、磋《す》るがごとく、琢《う》つがごとく、磨くがごとく』［切磋琢磨《せっさたくま》］と書いてあるのは、そのことを言っているのでしょうね。」

先生はいわれた。

「子貢よ、それでこそはじめて詩の話をいっしょにできるね。ひとつ言えば、次をわかってくれる。（言葉のやりとりが楽しめるね。）」

16

先生がいわれた。

「自分をわかってもらえないと嘆くより、人を理解していないことを気にかけなさい。」

為政第二

1

先生がいわれた。

「政治をするのに〈徳〉（人徳・道徳）があれば、不動の北極星をまわりの星がとりまいてあいさつするように、人々の心はその徳のある為政者にしたがうものだ。」

2

先生がいわれた。

「私たちが教科書にしている『詩経《しきょう》』の詩三百篇を一言で言えば、『思い邪《よこしま》なし』だ。（つまり純粋であれということだ。）」

3

先生がいわれた。

「民を導くのに法令を使い、刑罰で統制しようとするなら、民は法をうまくすりぬけて恥じなくなる。しかし、〈徳〉で導き、〈礼〉で統制するなら、民は恥を知り、正しい行ないをするようになる。」

4

先生がいわれた。

「私は十五歳で学問に志し、三十にして独り立ちした。四十になって迷わなくなり、五十にして天命を知った。六十になり人の言葉を素直に聞けるようになり、七十になって思ったことを自由にやっても道を外すことはなくなった。」

5

魯《ろ》の国の家老孟懿子《もういし》が〈孝〉について先生に聞いた。

先生は「親にそむかない、ということです。」と答えた。

そのあと、御者をしていた門人の樊遅《はんち》に先生がこのやりとりのことを話すと、樊遅が「どういう意味ですか。」と聞くので、こう答えた。

「親が生きているときには礼の決まりにしたがってつかえ、亡くなったときは礼にしたがって葬り、その後礼にしたがって供養する。（つまり、礼の決まりに沿うということだ。）」

6

孟武伯《もうぶはく》が〈孝〉について先生にたずねた。

先生はいわれた。

「父母には病のこと以外で心配をかけないようにせよ、ということです。」

7

子游《しゆう》が〈孝〉についてたずねた。

先生はいわれた。

「最近、孝は、親を養うことと思われているが、犬や馬でもみな養うくらいのことはする。

尊敬するのが、人間の孝というものだ。」

8

子夏《しか》が〈孝〉についてたずねた。

先生はこう答えられた。

「親の前で心からやすらぎ楽しむ。意外に難しいことだが、これが孝ということだ。やるべき仕事があれば若い者が働き、酒やごちそうがあれば目上にすすめる。こんな形だけのことでは、孝とはいえない。」

9

先生がいわれた。

「顔回《がんかい》と一日話していても、何も反論しないので一見愚かに見える。だが話を終えて普段の顔回の行ないを見ると、私の真意が実現している、と感じる。顔回は愚かどころではない。」

10

先生がいわれた。

「その人がどう行動するか、何を由《よ》りどころにしているか、何に満足するか。この三点がわかったなら、その人物の本質は、はっきりする。けっして隠せるものではない。」

11

先生がいわれた。

「古き良きことをわきまえ、新しいものの良さもわかる［故《ふる》きを温《たず》ねて、新しきを知る］。そんな人は、師となれる。」

12

先生がいわれた。

「君子は、何かを入れる器ものでない。（そんな固まったものではなく、もっと自在な存在だ。）」

13

子貢《しこう》が君子についてたずねた。

先生はいわれた。

「君子は、自分の主張をまず行動で表し、その後に主張を言葉にするものだ。（つまり、君子は口先の人ではなく、実行の人なのだ。）」

14

先生がいわれた。

「君子は幅広く親交をもち、一部の人となれあわない。小人は、狭い範囲でなれあって広く人と親しまない。」

15

先生がいわれた。

「外からいくら学んでも自分で考えなければ、ものごとは本当にはわからない。自分でいくら考えていても外から学ばなければ、独断的になって誤る危険がある。」

16

先生がいわれた。

「学問する者が聖人の道と違ったことを研究するのは害があるだけだ。（正道を修めることに専心することが大切だ。）」

17

先生がいわれた。

「子路《しろ》よ、お前に『知っている』とはどういうことかを教えよう。はっきりわかっていることだけを『知っている』こととし、よく知らないことは『知らない』こととする。このように『知っていること』と『知らないこと』の間に明確な境界線を引ければ、本当に『知っている』と言える。」

18

若い門人の子張《しちょう》が、どうすれば職に就き、報酬をもらえるようになるのかを知りたがっていた。

そこで先生は、こういわれた。

「たくさんのことを聞いて参考にし、これはあやしいと少しでも思うことは口にせず、慎重にそれ以外の確実なことだけを言うようにすれば、人からとがめられることは少なくなる。たくさんのことを見て参考にし、これはあぶないと思ったことはやらず、慎重にそれ以外の確実なことだけをやるようにすれば、後悔は少なくなる。言うことにまちがいが少なく、悔いるような行動が少なくなったならば、そうした人間的成長それ自身の中に、すでに『報酬』があると言える。」

19

孔子の生まれた魯の国の君主哀公《あいこう》が、「どうすれば民をしたがわせることができるだろうか。」とおたずねになられた。

先生はこう答えられた。

「心のまっすぐな人たちを評価し登用して、心の曲った人たちは退けるようにすれば、民はしたがうでしょう。反対に曲った人間を評価し、まっすぐな人間を退けるなら、民はけっしてしたがわないでしょう。」

20

魯の国の家老である季康子《きこうし》が、「民が上の者を敬う心と忠実さを持ち、自ら進んで善をなすようにするにはどうしたらいいでしょう。」とたずねた。

先生はこういわれた。

「浮つかない威厳のある態度で臨めば、民は敬いの心を持ちます。為政者が親孝行で、民に愛情深く接すれば、忠実になります。善をなす人を評価し、善をなすことのできない者は教えて善の道に導く。そうすれば民は進んで善をなすようになります。」

21

ある人が先生に、「どうしてご自身で政治をなさらないのですか。」と聞いた。

先生はこうわれた。

「『書経《しょきょう》』には〈孝〉についてこう書かれています。『親孝行で兄弟仲よくできているなら、それも広く考えれば政治をしているということである』。このように自分の身を正し、家をよくするのも政治です。官職に就くことばかりが政治ではありません。私は今のままでも政治をしているのです。」

22

先生がいわれた。

「人として生きていくのに、言行が一致する〈信〉の徳がなければうまくやっていくことはできない。牛馬と車をつなぐものがなければ車はうまく動かないように、自分と人をつなぐ信がなければ、何事もやっていけない。」

23

子張が、「今から十代先の王朝のことがわかりますでしょうか。」と聞いた。

先生はいわれた。

「夏《か》・殷《いん》・周《しゅう》の三代の王朝を見てみると、殷は夏の儀礼や制度といった礼を踏襲していて、夏から何を引き何を足したかを今知ることができる。周は殷の礼を引き継いでいるので同じことが言える。だから、周の後を継ぐ者なら、百代後のことでも推測することはできる。（つまり、未来を予言することはできなくても、歴史から未来を推測することはできる、ということだ。）」

24

先生がいわれた。

「自分の祖先の霊でもない神を祭るのは、幸運を欲しがってへつらっているだけだ。してはならないことをするのはよくない。反対に、人として当然すべきことをしない傍観者的な態度は、勇気がない［義を見てせざるは勇なきなり］。（霊や神にこびへつらうよりも、人として当然なすべきことをなすことが大切だ。）」

八佾第三

1

先生が魯《ろ》の家老の季氏《きし》についてこう語った。

「季氏は、自分の庭で八列でする舞楽を催したそうだが、これは本来天子のみに許されることだ。こんな礼に反する僭越《せんえつ》なふるまいを許すなら、やがてどんな非礼をなすかわからない。(がまんできないふるまいだ。)」

2

魯の実力者である孟孫《もうそん》、叔孫《しゅくそん》、季孫《きそん》の三家は、先祖供養の祭りの時、本来天子のみに許された雍《よう》の歌で供物を捧げた。

先生はいわれた。

「雍の歌の文句は、『助ける諸侯がいて、天子はうるわしい』とある。天子も諸侯もいない三家の先祖供養にこの歌が歌われるのは、意味をなさない。(礼に反する行ないを平気でするのは見過ごせない。)」

3

先生がいわれた。

「もし〈仁〉という心の徳がなければ、〈礼〉があっても音〈楽〉があってもどうしようもない。(礼楽の根本は心を磨くことにある。)」

4

林放《りんぽう》が、世の中の礼がかざりすぎであることをおかしいと思い、「〈礼〉の根本は何か」とたずねた。

先生はいわれた。

「大きな質問だね。礼はぜいたくにするよりも、むしろつつましい方がいい。葬儀では、りっぱにととのえるよりも、死をいたみ悲しむことだ。(礼の本質はこまごまとした作法よりも、真情にあるのだ。）」

5

先生がいわれた。

「わが国の東方の夷《い》や北方の狄《てき》といった文化程度の高くない国でも君主がいて上下の別があるのに、わが中国において君主をないがしろにしているのはなげかわしい。（本来、わが国の文化のよさは秩序を大切にするところにあるのだ。）」

6

季氏が泰山《たいざん》で、本来諸侯がする山川を祭る儀式を、諸侯でもない大夫《たいふ》（家老）の身分にもかかわらず行なおうとしていた。

先生は、季氏の執事をしていた弟子の冉有《ぜんゆう》に、「お前はこれを止めさせることはできないのか。」といわれたが、冉有は「できません。」と答えた。

これを聞いて先生は、こうなげかれた。

「ああ、あの林放でも礼について知っているのに、泰山の神がそのような非礼がわからないとでも思っているのか、季氏は。」

7

先生がいわれた。

「君子と言われる人格者は、人と争うことはない。あるとすれば、弓を射る儀礼のときくらいだ。相手ときちんとあいさつを交わし譲り合って、堂に昇り降る。競技後は、勝者が敗者に罰として酒を飲ませる。この争いはどこまでも礼儀正しく、君子的である。」

8

子夏《しか》が先生にこうたずねた。

「詩に『笑う口元愛らしく、目はあざやかに美しく、仕上げはお白粉《しろい》で』とありますが、何を意味するのでしょうか。」

先生が、「絵というのは、最後に白で仕上げをするのだよ。」と答えられると、子夏は「人も様々な教養を積んだ後に、お白粉のように礼を身につければ仕上げになるということでしょうか。」といった。

これを聞いた先生はよろこんで、「お前は私を啓発してくれるよね。詩は、解釈次第で価値がますものだ。それでこそ共に詩を語ることができる。」といわれた。

9

先生がいわれた。

「夏《か》の王朝の礼については話すことができるが、その子孫である杞《き》の国の礼については証拠が足りない。同様に、殷《いん》の礼は話すことができるが、子孫である宋《そう》の国の礼についてははっきりしない。礼の記録も、礼を知っている賢人も不十分だからだ。もし杞や宋の記録が十分にあれば、夏・殷の礼についての私の話を証拠立てることができるのに残念だ。」

10

先生がいわれた。

「魯で締《てい》という大きな祭りがあった。酒を地にそそいで神を招く儀式までは見ていられたが、その後は礼に外れていてだめだ。誠意に欠けた儀式を私は見たくはない。」

11

ある人が禘の祭りの意義を先生にたずねた。

先生は知っておられたが、あえてこう答えられた。

「私は知らない。もしその意義をわかっているほどの人が天下の事に望むなら、天下をここに置いて見るようにうまく治めるだろうね。」といって、自分の掌《たなごころ》を指さされた。

12

先生が御先祖や神を祭られるときは、御先祖や神がそこにおられるかのように心を込めてなされる。だから、先生はこういわれていた。

「私が直接祭りを行なうことができず、人に代わってもらったときは、その祭りがなかった気さえする。(私は祭りをいつも自ら心を込めて行ないたいのだ。)」

13

衛《えい》の実権を握る王孫賈《おうそんか》が、先生に対してこう聞いた。

「『奥の神よりも、かまどの神になじめ』ということわざはどういう意味でしょうか。」

これは衛の君主（奥の神）よりも実権を持つ私王孫賈（かまどの神）になじまないかという探りであったが、先生は、「そのことわざはまちがいです。天に対して罪を犯せば、どこに祈っても無駄です。」と探りを巧みにはねつけ、暗に戒められた。

14

先生がいわれた。

「周《しゅう》は夏と殷の二代を参考にして、すばらしい礼楽制度を作りあげた。私は周の礼楽にしたがおうと思う。」

15

先生が魯の周公《しゅうこう》の霊廟に入り、祭りを手伝われたときは、儀礼を一つひとつ人にたずねられた。ある人がこのことをあげつらって、「誰が鄹《すう》の町の役人（孔子の父のこと）の子が礼を知っていると言ったのか。全部人に聞いているではないか。」といった。

先生は、この無礼な言葉を耳にしたが、ただ「このようにつつしみ深くするのが〈礼〉

なのだ。」といわれた。

16

先生がいわれた。

「かつては、弓の礼では的を射ることを第一とはしなかった。人それぞれで射る能力はちがうからだ。的を射る技術よりも、心の徳を重んじる礼がきちんと行なわれていた、古《いにし》えの周時代のやり方である。」

17

古えの時代では、暦は君主から諸侯が頂くもので、毎月、朔日《ついたち》に諸侯はその月の暦を、一匹の羊を供物にして先祖の廟に告げ、その後国内に暦を施行した。しかし、当時の魯の国では、この朔日を告げる告朔《こくさく》の礼がもはや行なわれていないのに、羊のいけにえだけは続いていた。

子貢《しこう》は、これを無益なことだと思い、やめようとした。しかし、先生はこういわれた。

「子貢よ、お前は羊を惜しがっているが、私はその〈礼〉が失われることの方が惜しい。

（羊のいけにえを続けていれば、礼が復活するかもしれない。一見無駄に見えても意味のあることもある。）」

18

先生がいわれた。

「私が当然なすべき〈礼〉を尽くして君主につかえると、人はへつらいだと言う。（それほど礼が廃《すた》れたのはなげかわしいことだ。）」

19

魯の国の君主定公《ていこう》が、先生に、「主君が臣下を使い、臣下が主君につかえるには、どうすればいいだろうか。」とたずねられた。

先生はこう答えられた。

「主君が臣下を使うには、〈礼〉の気持ちを持って丁寧に接し、臣下が主君につかえるには、あざむかない誠実な〈忠〉の心構えで臨むことです。」

20

先生がいわれた。

「『詩経《しきょう》』の中にある関雎《かんしょ》の詩は、楽しい感情でも行きすぎて度を越すことがなく、哀しい感情でも心を痛めすぎることがない。（感情表現においても調和が大切だ。）」

21

魯の君主哀公《あいこう》が孔子の門人宰我《さいが》に、土地を祭る社《しゃ》についてたずねた。社はその土地に合った木を植え、神木とするので、宰我はこう答えた。

「夏では松、殷では柏《ひのき》、周では栗を使い神木としています。」

そして、「周の栗《りつ》は、社で行なう死刑によって民を戦慄《せんりつ》（栗）させるということでもあります。」と一言付け加えた。

先生はこのやりとりを後に聞き、宰我のこの一言を、本筋から外れた不愉快な失言だと感じられたが、あえて責めないで、こう慨嘆し、反省を促された。

「すでに起こってしまったことには何も言うまい。やってしまったことは責めまい。過去のことはとがめまい。」

22

斉《せい》の桓公《かんこう》が覇者となるのを助け、名宰相と言われていた管仲《かんちゅう》について、先生は、「管仲は人物としての器が小さいね。」と否定的にいわれた。

これを聞いたある人は管仲をすぐれた人物だと思っているので、「小さいというのは倹約家ということでしょうか。」と聞いた。

先生は、「管氏は三つの邸宅を持ち、家臣も仕事ごとに専任をおくというぜいたくをしていた。倹約とはとても言えない。」といわれた。

その人は、倹約でないのは礼にお金をかけるからかと考え、「それでは管仲は〈礼〉を知っていたということですか。」と聞いた。

先生は、「諸侯（君主）は門の内側に小さい塀を建てるが、管氏は諸侯でもないのに同じことをした。二人の君主が外交的なつきあいをする時は、盃《さかずき》をもどして置く台を設けるが、管氏もまたそうした台を持っていた。管氏が礼を知るというなら、礼を知らない人などいない。」といわれた。

23

先生が音〈楽〉について、魯の楽官長にこう話された。

「音楽はそうむずかしいものではありません。演奏のはじめは打楽器で勢いをつけ、次に各楽器が自在に音を出し合って調和する。それぞれの音が濁らないではっきりとしていて、音が途切れることなく続いていく。こうして仕上がるのです。」

24

儀《ぎ》という所の国境役人が先生との面会を望んでやって来て、「すぐれた人物がこの地に来たときは、必ず会わせて頂いているのです。」といった。

先生の供の者が面会できるように取りついだ。その人は面会を終えて出てきて、こういった。

「お弟子さんたち、先生が位を失って今放浪しているとしても心配ありません。天下に正道が行なわれなくなって久しいことです。しかし、天は、必ず先生を『天下の木鐸《ぼくたく》』、すなわち人々をいましめる鈴として世に送り、指導者とするでしょう。(それほどの大賢人です。)」

25

かつては天下を取った者は、音楽を作り、神を祭って成功を告げた。

先生は、前帝の堯《ぎょう》から位を平和的に譲り受けた舜《しゅん》の音楽を、「美を尽くしていて、また善も尽くしている。」と評した。

一方、殷の紂王《ちゅうおう》を征伐して位についた周の武王《ぶおう》の音楽に対しては、「美は尽くしているけれども、善は十分でない。」と評された。

26

先生がいわれた。

「人の上に立つ身でありながら寛容でなく、礼法は正しいが敬意に欠け、葬《とむら》いに際して悲しまない。このように、肝心な精神に欠けているものには、観るべきところはない。」

里仁第四

1

先生がいわれた。

「〈仁〉の中に居るがごとく、判断を仁におくのが、よい生き方である。あれこれ選んで仁から外れてしまうのは知者とは言えない。」

2

先生がいわれた。

「〈仁〉の徳を持たない不仁者は、貧しく厳しい環境に長くいると道をはずれてしまうのでよくない。また安楽な環境に長くいると、慢心してよくない。仁の徳と一体になった仁者は、環境にかかわらず、人を思いやる仁の境地に居つづける。知性に富む知者は、仁を体現するほどではないが、仁の価値を理解し活用することができる。」

3

先生がいわれた。

「人間への情愛を持つ仁者だけが、好むべき人を好み、にくむべき人をにくむことができる。（私心があると人を見る目もくもる。）」

4

先生がいわれた。

「本気で〈仁〉の徳を身につけようと志す者は、けっして悪をなすことはない。」

5

先生がいわれた。

「富と貴い身分は、人の欲するものだ。しかし、正しい方法で得たものでなければ、そこに安住することはない。貧と賤《いや》しい身分は人の嫌がるものだ。しかし怠惰など貧賤に至るのが当然の道筋によるのではなく、偶発的な自分に非のない理由で貧賤に陥った場合はそれを受け止める。

君子は〈仁〉あっての君子である。君子は食事をしている間も仁に外れることはない。あわただしいときでも、突然転倒した時のような突発的事態でも、仁を忘れることはない。」

6

先生がいわれた。

「私はまだ本当に〈仁〉を好む人も、不仁を憎む人も見たことがない。仁を好む人は最上だ。不仁を憎む人も、仁をなしていると言える。不仁者の影響を受けることがないからだ。もし一日だけでも仁をなそうと努力する場合、力が足りない者を私は見たことはない。そういう人ももしかするといるかもしれないが、少なくとも私は見たことはない。(仁のための努力はだれにでもできるはずだ。)」

7

先生がいわれた。

「人の過ちは、人物の種類によって異なる。過ちの種類を見れば、その人に〈仁〉があるかないかは、わかる。」

8

先生がいわれた。

「朝に正しく生きる道が聞けたら、その日の晩に死んでもかまわない［朝《あした》に道を聞かば、夕べに死すとも可なり］。」

9

先生がいわれた。

「〈道〉をめざし、学問をする身でありながら、着るものや食べるものが貧しいことを恥じる者とは、ともに語り合うことはできない。」

10

先生がいわれた。

「人格のすぐれた君子が世に事をなすとき、先入見で『これはよい』『これはよくない』とは決めつけない。ただそれが筋が通ったこと、つまり〈義〉に合ったことかどうかで決める。」

11

先生がいわれた。

「品性ある君子は、より善く生きるにはどうすべきかを考えるが、品性なき小人は安楽な生活をすることを考える。君子は、あやまちを犯せば罰があることを意識し、身を正す。小人は物質的な幸運を望む。」

12

先生がいわれた。

「自分の利益ばかり考えて行動していると、怨《うら》まれることが多い。」

13

先生がいわれた。

「譲り合う謙遜《けんそん》の心で国を治めるなら、どうして問題が起きようか。この譲る心なく治めようとするなら、〈礼〉の決まりがあっても何にもならないだろう。」

14

先生がいわれた。

「社会的地位がないことをなげくよりも、そうした地位に立つために必要なことが自分に欠けていることを反省すべきだ。自分を評価してくれる人がいないことをなげくよりも、認められるだけのことをしようと努力すべきだ。」

15

先生が曾子《そうし》にこういわれた。

「私の道は一つのことで貫かれている〔吾《わ》が道は一以てこれを貫く〕。」

曾子は「はい。」と答えた。

先生が出てゆかれた後、門人が曾子に、「どういう意味でしょうか。」と聞くと、「先生の道は、心を尽くし、人を思いやる〈忠恕《ちゅうじょ》〉のまごころのみだということです。」

16

先生がいわれた。

「君子はものごとの筋である〈義〉がわかっている。小人は損得がわかっている。」

17

先生がいわれた。

「賢明な人を見れば同じになろうと思い、賢明でない人を見れば、自分もそうではなかろうかと省《かえり》みることだ。」

18

先生がいわれた。

「父母にもし悪いところがあったときは、おだやかに諫《いさ》める。それでも言うことを聞いてくれない場合は、つつしみ深く逆らわず、苦労をしても怨みに思わないことだ。」

19

先生がいわれた。

「父母が存命の場合は、遠方へ出かけて心配をかけぬよう。仮に行くとしても、行き場所、居場所をはっきりさせることだ。」

20

先生がいわれた。

「父が亡くなってから三年間、父のやり方を改めないのは、孝行だと言える。」

21

先生がいわれた。

「父母の年齢は知っておかねばならない。一つには、それで長寿を喜び、一つには老いを気づかい孝行にはげむためだ。」

22

先生がいわれた。

「昔の人が軽々しく言葉を口にしなかったのは、自分の身の行ないがそれに追いつけないのを恥じていたからだ。」

23

先生がいわれた。

「心を引きしめていて失敗する人は、ほとんどいない。」

24

先生がいわれた。

「君子は、軽々しいことを言わず、やるべきことはすばやくするようでありたい。」

25

先生がいわれた。

「いろいろな〈徳〉は、ばらばらに孤立してはいない。必ず隣り合わせで、一つを身につければ隣の徳もついてくる。［徳は孤《こ》ならず。必ず鄰《となり》あり。］」

26

子游《しゆう》がいった。

「主君にとって耳の痛いことを言えば、罰を受けやすい。友人にもうるさく言うと疎遠にされる。（つきあいには、適度な距離感が大切だ。）」

公治長第五

1

先生は門人の公治長《こうやちょう》のことを、「結婚させてよい人物だ。獄中にあったことはあるが、彼の罪ではなかった。」といわれ、先生のお嬢さんと結婚させた。

2

先生は、門人の南容《なんよう》のことを、「国が治まっているときは登用され、国が乱れているときでも刑死させられることはない人物だ。」といわれ、お兄さんの娘さんと結婚させた。

3

先生は子賤《しせん》のことをこういわれた。

「人格的に優れた君子だね、このような人は。しかし、もし魯《ろ》の国に手本となる君子的人物がいなかったならば、どうしてこのような徳を身につけられただろうか。（優れた先人や友から学ぶことが大切なのだ。）」

4

自分の評価が気になった子貢《しこう》が、「私はどのようなものでしょうか。」と先生におたずねした。

先生は、「お前は器だね。」といわれたので、子貢は、「どんな器でしょうか。」とおたずねした。

先生は、「大事な祭りのときにお供えを入れる貴重な器だね。（君子とまでは言えるかはともかく、どこに行っても有用な人材だ。）」と答えられた。

5

ある人が先生の弟子の雍《よう》（仲弓《ちゅうきゅう》）のことを、「〈仁〉はあるが、口がうまくないのが残念だ。」と言ったので、先生はこういわれた。「どうして口がうまい必要があろうか。口先だけで人と接するから、にくまれることになるのだ。彼が仁の徳を身につけているかどうかはわからないが、どうして口がうまい必要があろうか。」

6

先生が門人の漆雕開《しっちょうかい》を仕官させようとされた。しかし、漆は、「私はいまだ学問の途上であり、そのような任を負うだけの自信はございません。」と答えたので、先生はその謙虚さと向学心をよろこばれた。

7

先生がいわれた。

「世の中が乱れ、正しい道がなおざりにされている。いっそ、いかだに乗って海に出ようか。私についてくるのは、まあ由《ゆう》(子路《しろ》)くらいかな。」

これを伝え聞いた血気盛んな子路は、喜んだ。

それを聞いた先生は、「由が勇ましいのを好むのは、私以上だ。しかし、粘り強く航海を続けるためのいかだの材料は持っていない。」と子路の弱点である精神的な成熟や学問の足りないことを指摘し、さとされた。（勇を支える精神の材料が大切である。）

8

孟武伯《もうぶはく》が先生に、「子路は〈仁〉を持つ人格者ですか。」とたずねると、「わかりません。」といわれた。

さらに問うので、こう答えられた。

「子路は、大国で兵を訓練させればりっぱな仕事をするでしょうが、仁かどうかはわかりません。」

「冉求《ぜんきゅう》（冉有）はいかがでしょうか」と問われ、「冉求は、千戸を治める卿《けい》・大夫《たいふ》など大きな家の家臣の長となる力はありますが、仁かどうかはわかりません。」と答えられた。

「公西赤《こうせいせき》はどうですか」と問われ、「赤は〈礼〉を知っているので、礼服を着て朝廷に立ち、外国の賓客と応接する力はありますが、仁であるかどうかはわかりません。（仁というのはたやすいものではありません。）」

9

先生が子貢に、「おまえと回《かい》（顔回《がんかい》）では、どちらがすぐれていると思うか。」とたずねられた。

子貢はこう答えた。

「私などがどうして顔回の水準を望めましょう。顔回は一を聞いて十を理解しますが、私は一を聞いて二がわかる程度です。」

先生は微笑されて、いわれた。

「（お前の素直さはいいね。）たしかに及ばないね。私もお前と同じで回には及ばないよ。」

10

宰予《さいよ》（宰我）がある日なまけて昼に寝ていた。先生はこう厳しくいわれた。

「くさった木には彫刻はできない。ぼろぼろになった土塀は、上塗りして修復することはできない。宰予を叱っても、もはやしかたがない。」

先生は続けてこういわれた。

「以前、私は人に対して、その言葉を聞いてその行ないまで信用した。今や、私は人に対して、その言葉を聞いても行ないを観てから判断することにした。宰予のこの一件で考えを改めたのだ。」

11

先生が、「私はまだ〈剛〉という徳を持つ人に会ったことがない。」といわれた。ある人が、「お弟子の申棖《しんとう》は剛ではないですか。」というと、先生は、「棖には欲があります。欲があるのに、どうして強固な意志を持つ剛の徳があると言えましょうか。」といわれた。

12

子貢が、「私は人にやられていやなことは、人にはしないようにしようと思っています。」というと、先生はいわれた。

「子貢よ、それはおまえにできるようなことではないよ。(言葉にするのは簡単でも、それを生涯実践するのは至難の業だ。)」

13

子貢が先生を回想してこういった。

「先生の学問知識は誰でも聞くことができた。しかし、人の本質と天の道の関係についての先生の考えは深遠なため、先生は話すべき相手を選んだ。だから、めったなことでは聞くことができなかった。」

14

子路は、何か有益なことを聞いても、それを自分でできるようになるまでは、さらに何かを聞くことをおそれた。（子路は、知るだけで満足する者とはちがい、自ら実践することを重んじた。）

15

子貢が、「衛の国の大夫だった孔文子《こうぶんし》はどうして、死後、〈文〉というりっぱなおくり名をおくられたのですか。」とたずねた。

先生はこう答えられた。

「生来利発な上に学問を好み、目下の者に質問することも恥じなかった。〈文〉は、学問にはげみ、問うことを好むとされている。だから孔文子は、文をおくり名とされるにふさわしいのだ。」

16

先生が鄭《てい》の名宰相の子産《しさん》のことをこういわれた。

「子産は君子の道に沿う四つをそなえていた。行ないにおいては〈恭〉、つまりつつしみ深く、目上の人には〈敬〉、つまり敬意を忘れず、民に対しては〈恵〉、つまり情け深く、民を使うには〈義〉、つまり筋を通す。（恭・敬・恵・義の四つの徳をそなえ、実践したのは君子の名に値する。）」

17

先生が斉《せい》の名宰相の晏平仲《あんぺいちゅう》についてこういわれた。

「彼は、交際上手であった。つき合いの長い相手に対しても変わらぬ敬意を持ち続けた。

（なじめども敬意を忘れず、だ。）」

18

先生がいわれた。

「大夫の臧文仲《ぞうぶんちゅう》は世間では知者と呼ばれているようだが、君主にのみ許される占いのための大亀の甲羅を持っていた。その亀の甲羅のある部屋の柱の上には山を彫刻し、梁《はり》の上には藻を描いてかざりつけた。こんな出すぎたまねをする者は知者とは言えない。」

19

子張《しちょう》が先生にたずねた。

「楚《そ》の国の宰相子文《しぶん》は、三度宰相となってもうれしそうな顔をせず、三度それをやめさせられても怒る表情を見せず、後任の宰相に必ず仕事の引継ぎをきちんとしたということですが、このような人物はいかがでしょうか。」

先生はいわれた。

「〈忠〉だね。自分より国のことを考えている。」

子張が、「では、〈仁〉と言えるでしょうか。」というと、こう答えられた。

「仁とは私心のない知者である。子文を仁だとは軽々しくは言えない。」

子張がさらにこうたずねた。

「斉の国の家老の崔子《さいし》が君主を殺したとき、同僚であった陳文子《ちんぶんし》は家に馬四十頭を持つほど裕福だったのに、不忠の臣下がいる国を嫌って、財産を捨てて斉を去りました。よその国に行くと、そこでも不忠の者を見て、『ここにも崔子と同じような者がいる』と言って去りました。また別の国に行っても、同じ理由でその国を去りました。この人物はいかがでしょう。」

「清い人物だね。」と先生は答えた。

「では、仁でしょうか。」と子張がたずねると、「彼に完全に私心がなかったかどうかわからないから、仁と軽々しくは言えない。（仁とは心全体の徳であり、忠や清という徳があるからといって、仁者であるとは必ずしも言えない。）」

20

魯の家老の季文子《きぶんし》は、三度考えてからはじめてそれを実行した。

先生はこれを聞かれて、「（考えすぎるのもよくない。）二度考えたらやるべきかどうかはわかる。」といわれた。

21

先生がいわれた。

「衛《えい》の国の大夫寧武子《ねいぶし》は、国が治まっているときは知者として的確に政治を行なった。しかし、乱れたときは、まるで愚人のように自分の利益を考えないで行動した。彼の知に及ぶことはできても、その大いなる愚はまねができない。」

22

先生は流浪中の陳《ちん》の国で、世の中に正しい道が行なわれないことを嘆き、こういわれた。

「ああ、帰ろう、帰ろう。故郷に。魯の若者たちは、志が大きく、錦のように模様や色彩は美しいが、それをどう裁断したらいいかわからないでいる。（故郷に帰って、若者たちに生きるべき方向性を見つけさせてやりたい。）」

23

先生がいわれた。

「伯夷《はくい》と叔斉《しゅくせい》は不正を憎んで餓死を選んだほど潔癖な兄弟だが、古い悪事にいつまでもこだわらなかった［旧悪を念《おも》わず］。そんな度量の大きさがあったから、人から怨《うら》まれることも少なかった。」

24

先生がいわれた。

「微生高《びせいこう》は〈直《ちょく》〉の徳を持っていると言われているらしいが、いったいだれが言っているのだろう。ある人が酢をもらいに行ったとき、隣の家からもらってきて、自分の家の酢のように渡した。（こんな見栄張りでは到底、正直とは言えない。）」

25

先生がいわれた。

「賢人と言われる左丘明《さきゅうめい》は、言葉がうまくて見た目がよく［巧言令色《こうげんれいしょく》］、謙虚すぎる［足恭《すうきょう》］のを恥としたが、私もやはり恥とする。また、ある人に対して心の中に怨みがあるのにその人と友達になるのも、左丘明は恥としたが、私もやはり恥とする。」

26

顔淵《がんえん》（顔回）と季路《きろ》（子路）がおそばにいたとき、先生が、「おまえたちの志を言ってごらん。」といわれた。

子路は、「自分の馬車や毛皮の外套《がいとう》を友と共有し、友がそれをダメにしてもうらまないようでありたいです。」といった。

顔淵は、「自分の善いところを誇らず、人に対してつらいことをおしつけないようでありたいと思います。」といった。

子路が、「どうか先生のお志をお聞かせください。」というと、先生がこういわれた。

「老人には安心されるよう、友人には信頼されるよう、若い人には慕われるようでありたいね［老者はこれを安んじ、朋友《ほうゆう》はこれを信じ、少者はこれを懐《なつ》けん］。」

27

先生がいわれた。

「ああ、もうおしまいだなあ。自分の過ちを認めて心の中で自分を責める人を、私は見たことがない。」

28

先生はいわれた。

「十軒ばかりの村にも、私くらいの忠信の徳を持つ性質の人はきっといるだろう。ただ、私の学問好きには及ばないというだけだ。（人は学んではじめて向上する。生来の良い性質だけではだめなのだ。）」

雍也第六

1

先生が弟子の雍《よう》（仲弓《ちゆうきゆう》）を評価して、こういった。

「雍は、心がおおようで、民を治めさせてよい人物だ。」

2

そう評された仲弓が子桑伯子《しそうはくし》という政治家をどう思うか、先生にたずねた。

先生が「まあ、おおようでいい。」といわれると、仲弓は、「〈敬〉というつつしみ深い心を持ち、なおかつおおような態度で臨むならばよいと思いますが、単におおような心でおおように事を行なうのでは、おおようすぎて大雑把《おおざつぱ》になってしまうのではないでしょうか。」といった。

先生は、「雍の言うとおりだ。」といわれた。

3

哀公《あいこう》が、「弟子の中で、誰が学問好きと言えるか。」とたずねられた。

先生は、こう答えられた。

「顔回《がんかい》という者がありまして、本当の学問好きでした。怒って八つ当たりすることはなく、同じあやまちを二度することはありませんでした。不幸にして短命で亡くなり、今は学問好きと言えるほどの者は門下にはおりません。世の中でも学問好きという者は聞いたことがありません。」

4

門人の子華《しか》（公西赤《こうせいせき》）が先生の用事で斉《せい》に使いに行った。

冉子《ぜんし》（冉求《ぜんきゅう》）は、子華の母のために先生に米をください、と願い出た。

先生は、「釜《ふ》（六斗四升）の分だけあげなさい。」といわれた。

冉子は増してほしい、となお願ったので、「庾《ゆ》（十六斗）の分だけあげなさい。」といわれた。しかし、冉子は、それでも足りないと思い独断で五秉《へい》（百六十斗、釜の百二十五倍）もの米を子華の母に与えた。

先生はいわれた。

「赤（子華）が斉に出かけたときは、立派な馬に乗って軽やかな毛皮を着ていた。私の聞くところでは、君子は貧しい人を助けるが、富んでいる人に更に足しはしないものだ。（財は、公正、有効に使うべきものだ。）」

5

先生が魯《ろ》の司法大臣であられたとき、門人の原思《げんし》は代官として働いた。先生は報酬として九百斗の米を与えられたが、原思は辞退した。

先生は、「辞退はするな。自分の働きなのだから。家であまれば、隣近所の貧しい者に与えればよいではないか。」といわれた。（財の与え方、受け方の適切さを先生は説かれた。）

6

先生は弟子の仲弓を評してこういわれた。

「まだら牛は神の犠牲《いけにえ》として用いることはできないが、その子どもが赤い毛で角が完全なら、親がまだらだという理由で犠牲に用いない人がいたとしても、山や川の神はその子を捨てておかないだろう。（仲弓の父の身分はいやしくとも、仲弓のような賢才は世に用いられるだろう。人の価値は生まれでは決まらない。当人の徳と才によるのだ。）」

7

先生がいわれた。

「回（顔回）は三月《みつき》も〈仁〉の徳から離れることはない。そのほかの者では、一日か一月《ひとつき》仁の徳に触れるだけで永続きがしない。（仁は身についていることが大切なのだ。）」

8

季康子《きこうし》が先生にたずねた。

「子路《しろ》（仲由《ちゅうゆう》）は、政治を行なうことができますか。」

「子路は〈果〉、つまり果断で決断力があります。充分、政治はできます。」

「子貢《しこう》はいかがですか。」

「子貢は〈達〉、すなわちものごとがよく見えていますから、充分政治はできます。」

「冉求はいかがですか。」

「冉求は〈藝〉、つまり多才ですから、充分政治はできます。」

9

魯の国で力を持つ季氏が、先生の弟子の閔子騫《びんしけん》に使いを送り、自分の領地の代官にしようとした。人徳のある閔子騫は、人の道をわきまえない季氏をきらい、「私のためにうまく断ってください。もしまた私を任用しようとするなら、魯を去って斉の国へ行くでしょう」と使者にいった。

10

門人の伯牛《はくぎゅう》が重い病気になり、先生がお見舞いに行かれた。窓越しに伯牛の手をとられて、こう嘆かれた。

「ああなんということだ。これが天命なのか。これほどの人がこんな病気にかかろうとは。

これほどの人がこんな病気にかかろうとは。」

11

先生が顔回についてこういわれた。

「賢なるかな回や。一杯の飯と一椀の飲みもので、せまい露地の暮らしだ。ほかの人ならそのつらさに耐えられないだろうが、そんな貧しい暮らしの中でも回は、変わらず心安らかに生を楽しんでいる。賢なるかな回や。」

12

冉求が、「先生の道を学ぶことを幸せに思っているのですが、いかんせん私の力が足りず、いまだ身につけるに至っておりません。」というと、先生はこういわれた。

「本当に力が足りない者なら、やれるだけやって途中で力を使い果たしてやめることになるはずだ。しかし、おまえはまだ全力を尽くしていない。今おまえは、自分で自分の限界をあらかじめ設定して、やらない言い訳をしているのだ［今汝《なんじ》は画《かぎ》れり］。」

13

先生が子夏《しか》にいわれた。

「おまえは、自分の人格を磨く君子としての学者になりなさい。単に知識を誇り有名になりたがる小人的な学者になってはいけない。」

14

弟子の子游《しゆう》が魯国の武城《ぶじょう》という地の長官となった。

先生は、「部下にりっぱな人物を見つけることができたかね。」と問われた。

子游は、「澹台滅明《たんだいめつめい》という者がいます。公正な人物で、妙な近道をしてごまかすことはありません。公事でなければ、長官である私の室《へや》に来たことはありません。」と答えた。

15

先生がいわれた。

「魯の大夫の孟之反《もうしはん》は、自分の功を誇ることがなかった。斉の国との戦いに敗れ敗走する時に、自軍の一番後ろで敵の反撃を防ぎながら進んだ。こうしたしんがりをつとめることは武功であるが、無事魯の城門に入ろうとする時、自分の乗っている馬をあえて鞭打ってこう言った。『自分は別に進んでしんがりをつとめたわけではない。たまたまこの馬が進まなかったのだ。』（勇気があって、しかも威張らない。手本とすべき人物だ。）」

16

先生がいわれた。

「今の世は衰退して形ばかりがもてはやされる。祝鮀《しゅくだ》のような口先のうまさと宋《そう》の公子朝《ちょう》のような顔のよさの両方がないと、今の世ではうまくいかない。（徳が評価されないようでは駄目だ。）」

17

先生がいわれた。

「人は家を出るのに必ず門を通る。それなのに、なぜ事を行なうのに、筋の通った道を通らずに平気でいるのか。（事を行なうのには必ず通るべき道理の門があるのだ。）」

18

先生がいわれた。

「質朴な内面（〈質《きじ》〉）が表に出る言動（〈文《かざり》〉）よりも勝ちすぎると粗野になる。表に出る言動が質朴さに勝ると、文書役人のように要領はよくても誠が足りなくなる。文《かざり》と質《きじ》、つまり外への表われと内の充実の両面がバランスよくととのっているのが、君子というものだ。」

19

先生がいわれた。

「人が生きていくには、人としてのよい本性が曲げられないまっすぐさが大切だ［人の生くるは直なり］。このまっすぐさをなくして生きているとするなら、それはたまたま助かっているだけだ。」

20

先生がいわれた。

「学ぶにおいて、知っているというのは好むには及ばない。学問を好む者は、学問を楽しむ者には及ばない［これを知る者はこれを好む者に如《し》かず。これを好む者はこれを楽しむ者に如かず］。」

21

先生がいわれた。

「中級以上の人には、上級のことを話してもよいが、中以下の人には上級のことは話せない。（教える内容は、相手の水準によって変わってくる。）」

22

樊遅《はんち》が〈知〉についておたずねすると、先生はこういわれた。

「人としてなすべき〈義〉を務め、人知の及ばない鬼神や霊は大切にしつつも遠ざけておく。これは知と言える。」

〈仁〉についておたずねすると、「仁の人は難しい事を先にやり、自分の利益を後回しにする。これは仁と言える。」といわれた。

23

先生がいわれた。

「〈知〉の人と〈仁〉の人とでは性質が異なる。知の人は心が活発なので流れゆく水を好み、仁の人は心が落ち着いているので不動の山を好む［知者は水を楽《この》み、仁者は山を楽《この》む］。知の人は動き、仁の人は静かである。したがって、知の人は快活に人生を楽しみ、仁の人は心安らかに長寿となる。」

24

先生がいわれた。

「斉の国が少し変わって礼を尊ぶようにすれば、魯の国のようになれる。魯には周《しゅう》の伝統が残っているので、少し変われば、〈道〉、すなわち理想的な道徳政治に至ることができるであろう。（道の実現は、『少し』を積み重ねれば可能なのだ。）」

25

先生がいわれた。

「觚《こ》は本来飲酒の礼で用いるかどのある小さな器だが、これではもはや觚とは言えない。これではもはや觚とは言えない。(名と実が一致していない。中身を失った言葉はむなしい。)」

26

宰我《さいが》が先生にこうたずねた。

「〈仁〉の人は思いやりの心がありすぎて人に騙《だま》されることがあるのではないかと心配になります。たとえば、人が偽って『井戸に人が落ちています。』と言われたら、自ら井戸の中に入って救けようとしてしまうのではないでしょうか。」

先生はこう答えられた。

「そんなことにはならないよ。仁の心を持つ君子を井戸の前まで行かせることはできても、井戸に落ち込ませることはできない。(仁の人はあわて者でも愚か者でもない。)ちょっと騙すことはできても、騙し続けることはできない。（仁のゆえに危険に陥るということはないから、心配はいらない。）」

27

先生がいわれた。

「君子は博《ひろ》く書物を読んで、〈礼〉という規範で身をひきしめていくなら道に外れることはないね。」

28

先生が衛《えい》の霊公《れいこう》の夫人の南子《なんし》に会われた。

南子は不品行という評判だったので、子路はこのことを不満に思った。先生は子路にこう誓っていわれた。

「私の行ないに道に外れることがあるならば、天が私を見捨てるだろう。天が私を見捨てるだろう。」

29

先生がいわれた。

「過不足なく極端に走らない〈中庸《ちゅうよう》〉の徳は、最上のものだね。だが、人々が中庸の徳を失って久しい。（残念なことだ。）」

30

子貢が先生に〈仁〉についてこうおたずねした。

「もし民にひろく恩恵を与えられて、多くの人を救えるとしたらどうでしょう。仁と言えますか。」

先生はいわれた。

「仁どころか、もはや〈聖〉だね、それは。古代の聖王、堯《ぎょう》や舜《しゅん》でさえ、完全にそうはできないのを悩んだ。（仁をそこまで高く設定してしまうと、身につけにくくなる。）仁の人は、つねに他人への心づかいがあるので、自分が身を立てようと思うときは、同時に人も立て、自分が事をなしとげようと思うと、同時に人が事をなしとげるようにもする。他人のことでも自分の身にひきくらべて察する。それが仁を求める道筋だ。」

述而第七

1

先生がいわれた。

「私は、古《いにし》えの聖人の言ったことを伝えるだけで創作はしない［述べて作らず］。私は、古えの聖人を信じて、古典を大切にしている。かつて殷《いん》の時代に老彭《ろうほう》という人がいて古人の言ったことを信じて伝えた。私はひそかにこの老彭に自分をなぞらえている。」

2

先生がいわれた。

「大切なことを黙って心に刻み覚える。学び続けて、あきることがない。人に教えて退屈することがない。この三つのことは私にとって特別難しいことではない。」

3

先生がいわれた。

「徳を完全に身につけることができない。学問が進まない。義《ただ》しいことを聞いても自分ではできない。不善を改めることができない。この四つのことを、私は憂《うれ》える。」

4

先生がくつろいでおられる様子は、のびやかで、にこやかである。

5

先生がいわれた。

「ひどいものだね、私の気力の衰えも。もう長い間、夢で周公《しゅうこう》を見なくなった。(若い頃は夢にまで見てあこがれていたのに。)」

6

先生がいわれた。

「正しい〈道〉に向かって進み、身につけた〈徳〉を拠《よ》りどころとし、私欲のない〈仁〉の心に沿い、礼・楽・射・御・書・数のような教養を楽しみ幅を広げる［道に志し、徳に拠り、仁に依り、藝に游ぶ］。（学問を修めるとはこういうことだ。）」

7

先生がいわれた。

「人に教えを求める時の手みやげとして最も軽いのは乾肉《ほしにく》十本だが、それを持ってきたならば、つまり最低限の礼をふまえた者ならば、私は教えなかったことは未だかつてない。（礼をもって教えを求めた門人には、すべて教えてきた。）」

8

先生がいわれた。

「わかりたいのにわからず身もだえしているようでなければ、指導はしない［憤《ふん》せずんば啓《けい》せず］。言いたくてもうまく言えずもごもごしているのでなければ、はっきり言えるように指導はしない。（自ら求めない者に教えてもしかたがない。）四隅のあるものの一隅を示したら、他の三隅を推測してわかるようでなければ、もう一度教えることはしない。（類推してわかろうとする気構えのない者はまだ教わる水準に達していない。教えを受けるのには素地が必要なのだ。）」

9

先生は近親者を亡くし喪に服している人のそばで食事をされるときは、十分に召し上がらなかった。また、先生が人のお弔《とむら》いに行かれたときは、弔問者の礼として声をあげて泣かれた。その日は、悲しみと慎みのため、日頃楽しみとされている歌をうたわれなかった。

10

先生が顔淵《がんえん》（顔回《がんかい》）に向かっていわれた。

「君主に用いられたら道を行ない、必要とされなければしりぞいている。こうした出処進退をわきまえたふるまいは、ただ私とおまえだけができることだね。」

子路《しろ》は自分もほめてもらいたくなり、自負している勇にかかわらせてこうたずねた。

「先生が大国の数万の軍隊を指揮されるときは、誰と行動をともにしますか。」

先生はいわれた。

「素手で虎に向かい舟なしで河を渡る［暴虎《ぼうこ》馮河《ひょうか》］。そんな向こう見ずで、死んでも後悔しない者とは、行動をともにしない。必ず事に臨んで慎重に考え、戦略を工夫し成しとげる者と一緒にやりたい。（勇は道理にかなってなければ蛮勇になってしまうのだよ。）」

11

先生がいわれた。

「富は本来、天の計らいであり、求めてもいたし方ないものだ。もし人の力で求められるものなら、王が出入りするときの露払いのようなとるに足らない役人仕事でもしよう。しかし、人が求めることのできないものならば、私は好きな道を進もう。」

12

先生がとりわけつつしんで慎重にされたことは、祭祀をするときに精神を統一する斎《ものいみ》と、戦争と、病気である。

13

先生が斉《せい》の国に滞在していたとき、斉の国に伝えられていた聖王舜《しゅん》の作った韶《しょう》という音楽を初めて聞き習う機会を得られた。あまりのすばらしさに感動し、三月《みつき》の間この音楽に身も心も奪われ、肉の味のおいしさも気づかれないほどであった。先生はこういわれた。「舜の音楽はきっとすばらしいだろうと思ってはいたが、まさかここまで美を尽くし善を尽くしたすばらしいものとは思いもよらなかった。」

14

衛《えい》の国の君主は祖父の遺言により即位したが、存命中の父が即位を求め、子と父の間で争いが起こった。

冉有《ぜんゆう》が、「先生は現在の君主を助けられるだろうか。」といったので、子貢《しこう》は、「わかった。私が先生におたずねしてみよう。」といい、先生の部屋に行き、こうたずねた。

「伯夷《はくい》と叔斉《しゅくせい》はどのような人物でしょうか。」

先生は、「古えの賢人だ」といわれた。

さらに子貢が、「二人は国王の子でありながら、国を譲りましたが、君主の位につかなかったことを怨《うら》み、後悔したでしょうか。」とたずねると、こう答えられた。

「二人は、〈仁〉を求めて〈仁〉を得たのだ。どうして怨みや後悔などがあろうか。」

これを聞いた子貢は先生の部屋を退出して、冉有に向かってこういった。

「先生に直接、衛の国のことをおたずねするのもどうかと思って、伯夷叔斉のことをおたずねした。弟の叔斉は父の遺言では君主を継ぐことになっていたが、兄の伯夷に譲り、兄は父の命《めい》にそむくことになるからと自らは辞退した。状況的には今と似ている。が、態度は正反対だ。先生は伯夷叔斉を良しとされた。先生は、父と争うような衛の君主をお助けにはならないだろう。」

15

先生がいわれた。

「粗末な飯を食べ、水を飲み、腕を枕にする。このような生活の中にも楽しみはあるものだ。義《ただ》しくないことをして金持ちになり、身分が高くなるようなことは、私にとっては浮き雲のようにはかないことだ。」

16

先生がいわれた。

「私にもしあと数年の命が与えられ、五十歳でまだ学ぶことができるなら、大きな過ちをしないようになるであろう。」

17

先生がいつも言われるのは、『詩経《しきょう》』と先王の故事の書かれている『書経《しょきょう》』、そして人が守るべき〈礼〉のことであった。

18

楚《そ》国の長官の葉公《しょうこう》が子路に先生の人物についてたずねたが、子路は答えなかった。これを知った先生はこういわれた。

「おまえはどうしてこう言わなかったのか。その人となりは、学問に発憤《はっぷん》しては食べることも忘れ「憤《いきどお》りを発して食を忘れ」、道を楽しんで憂いを忘れ、老いてゆくことにさえ気づかないでいる、そんな人物だと。」

19

先生がいわれた。
「私は生まれつきものごとの道理をわきまえている者ではない。ただ、古えを好んで、ひたすらに道理を求めてきた人間だ［我は生まれながらにしてこれを知る者に非ず。古を好み、敏にして以てこれを求めたる者なり］。」

20

先生は怪・力《りょく》・乱・神を語らなかった。（奇怪なことより平常を、力わざより徳を、乱よりも治を、鬼神よりも人を大切にされた。）

21

先生がいわれた。
「私は三人で行動したら、必ずそこに自分の師を見つける。他の二人のうち一人が善い者でもう一人が悪い者だとすると、善い者からはその善いところをならい、悪い者についてはその悪いところが自分にはないか反省して修正する。（どこにいても師はいる。我以外皆師である。）」

22

先生が弟子たちにいわれた。

「天は私に〈徳〉を授けられた。桓魋《かんたい》は私を殺そうとしたが、桓魋ごときが私を害そうとしても天命を受けた私の身をどうすることができよう。（諸君は安心していなさい。）」

23

先生が弟子たちにいわれた。

「諸君は、私が隠しごとをしていると思うか。私は隠しごとなどしない。私の行動はすべて諸君とともにある。これが、私、丘《きゅう》なのだ。」

24

先生は〈文〉・〈行〉・〈忠〉・〈信〉という四つのことを教えられた。（詩書礼楽を学ぶこと〈文〉、学んだことを実践すること〈行〉、人に真心をもって接すること〈忠〉、うそ偽りのないこと〈信〉、である。）

25

先生がいわれた。

「聖人に出会うことはさすがにかなわないが、君子の徳を持つすぐれた人に会えればそれでいい。」またいわれた。「せめて『恒《つね》ある者』、つまり自分の中に正しい基準があってブレない人間に会えれば、それでいい。無いのにあるように見せかけ、中身がからっぽなのに満ちているように見せ、貧しいのに豊かであるように見せているようでは、『恒ある者』になるのは難しい。」

26

先生は釣りはされるが、魚を一度に大量に捕るはえなわは使われない。矢に糸をつけて飛ぶ鳥を射られることはあるが、ねぐらで寝ている鳥を不意打ちすることはされない。

27

先生がいわれた。

「真に道理を知っているわけでもないのに創作する者がいるが、私はそのようなことはしない。たくさん聞いてその中から善いものを選んで従い、たくさん見て記憶しておくようにする「多く見てこれを識《しる》す」。真に道理を知ることは難しくとも、これならばできる。」

28

互郷《ごきょう》という地方は風紀が悪く、善について語るのは難しいのだが、ある日その地方の子どもが先生に面会に来た。弟子たちはとまどったが、先生はこう諭《さと》された。

「学ぼうという姿勢がないならどうしようもないが、教えを求めて自ら進んでやって来たのは、すばらしいことではないか。それなのに土地柄という先入見であやしむのは、ひどすぎる。環境や過去のことは問わない。人が身と心を清くしてやって来るのなら、力になってやりたい。」

29

先生がいわれた。

「〈仁〉ははたして遠いものだろうか。私たちが仁を心から求めるなら、仁はすぐここにある［仁遠からんや。我仁を欲すれば、斯《ここ》に仁至る］。」

30

陳《ちん》の国の司法官が、「礼に詳しかったと言われる魯《ろ》の先代の君主昭公《しょうこう》は、本当に礼をわきまえておられましたか。」とたずねると、先生は、「わきまえておられた。」と答えた。

先生が退出されると、その司法官は、門人の巫馬期《ふばき》に会釈して側《そば》に近寄らせていった。

「君子は仲間びいきはしないと聞いていますが、君子である孔子先生も仲間びいきをするのですか。魯の君主の昭公は呉《ご》の国から夫人をめとりました。呉と魯は同姓で、同姓同士は結婚しないのが、周《しゅう》の礼です。昭公はこれをごまかすために、夫人が本来、呉姫と名乗るべきところを、呉孟子と名乗らせ、子姓の宋《そう》の国の婦人のようにしました。こんな礼に外れたことをする昭公が礼を知っているとするなら、礼をわきまえない人など世の中にいないことになります。」

巫馬期が先生にこのことをお伝えすると、先生はこういわれた。

「私はしあわせ者だ。もし過ちがあれば、誰かがきっと気づいて教えてくれる［丘や幸いなり、苟《いや》しくも過ちあれば、人必ずこれを知る］。」

31

先生は、人といっしょに歌われて、その人がうまければ、必ずその歌をくり返させて、自分もまた声を合わせて合唱された。

32

先生がいわれた。

「文章、学問では私も人並みだが、君子としての行ないでは、まだ十分とはいえない。」

33

先生がいわれた。

「〈聖〉とか〈仁〉などということは、私にはとても当てはまらない。ただ、聖や仁に向かって努力するのがいやになることがなく、聖と仁への道を人に教えてあきることがない、とは言ってもらってもいいかもしれない。」

弟子の公西華《こうせいか》はいった。

「まさにそれこそ私たち弟子が真似のできないことです。」

34

先生の病が重くなったとき、子路が鬼神にお祈りしたいと先生に願い出た。

先生が、「そんな先例があったか。」と言われると、子路は、「あります。古《いにし》えの言葉に『なんじのことを天地の神々に祈る』とあります。」といった。

先生はいわれた。

「自分のためのお祈りは久しくやっていない（私のために仰々しく鬼神に祈る必要はない。）」

35

先生がいわれた。

「ぜいたくにしていれば傲慢《ごうまん》になり、倹約していると上品でなくなる。両方とも中庸《ちゅうよう》を得ていないが、傲慢で礼を無視するよりは、上品でない方がましだ。」

36

先生がいわれた。

「君子は心が安らかでのびのびしているが、小人はいつでもくよくよ思い悩んでいる。」

37

先生は温和できびしさがあり、威厳はあるが猛々《たけだけ》しいところはなく、礼儀正しく丁寧だが安らかできゅうくつなところがない「子は温にして厲《はげ》し。威にして猛ならず。恭《うやうや》しくて安し」。

泰伯第八

1

先生がいわれた。

「古《いにし》えの周《しゅう》の国の泰伯《たいはく》という人物こそ最高の〈徳〉をそなえていた、といっていい。周の大王の長子であったにもかかわらず、考えがあり、己の取るべき天下を人に譲った。しかもその譲り方が人知れない形だったので、民はその徳をたたえることさえできなかった。」

2

先生がいわれた。

「人にうやうやしく接するのはいいが、〈礼〉によらないと廃《すた》れてしまう。慎重であるのはいいことだが、礼によらなければ、おそれて事を成せない。勇ましさも礼によらなければば乱暴になる。人に対して真っ直ぐで直接的に言うのも、礼によらなければきびしくなりすぎる。為政者が自分の近親に愛情をもって接するなら、民も〈仁〉の徳に目ざめるだろうし、昔なじみを忘れなければ、民は薄情でなくなるだろう。」

3

曾子《そうし》が重い病になり死を覚悟したとき、自分の門弟たちを病床に呼んでこういわれた。

「私の足を、手を見てみなさい。不注意による傷がないだろう？『詩経《しきょう》』に『深い淵《ふち》に落ちないように、薄い氷を踏んでも陥没しないように、日々慎重に』という言葉がある。身体は親からいただいたもので、傷つけるのは親不孝になる。だから私はこれまで慎重に身を傷つけないようにしてきた。私はもうすぐ死ぬから、この先はそんな心配はなくなるがね。君たちも身体を大事にするんだよ。」

4

曾子が病床で死を覚悟しているところを、魯《ろ》の家老の孟敬子《もうけいし》が見舞った。曾子が話しかけていわれた。

「鳥が死ぬときは鳴き声が哀しくなり、人が死ぬときには、善い言葉を言うとされています。(臨終の私の言葉をお聞きください。)為政者である君子が礼について尊ぶことが三つあります。行動するときは傲慢《ごうまん》さや粗暴さをなくし、顔つきを整えるときは心の誠実さをともなわせ、言葉を発するときは下品さをなくす、この三つが礼にとって大切なことです。祭祀の器物の取り扱いなどについてはそれぞれ役人がやりますので君子の礼ではありません。」

5

曾子がいわれた。

「自分は才能があるのに才能のない者にさえものを聞き、知識が多いのに少ない者にたずね、道を悟っていながら知らぬ者のように思い、徳が充《み》ちていながら身についていない者のように自分を思い、自分が害されても仕返しはしない。昔、私の友達の顔回《がんかい》はこのようにつとめたものだった。」

6

曾子がいわれた。

「父を失った十代の幼君をあずけることができ、大きな国家において政令を発することができ、人生の大事変にあっても志を奪うことができない。これぞ君子だ。」

7

曾子がいわれた。

「学に志す士は心が弘《ひろ》く毅《つよ》くなければならない。荷《にな》うものは重く道は遠い。〈仁〉を自分の荷として負うのだ、重くならないはずがあろうか。仁を背負って死ぬまで道を行くのだ、なんと遠い道であろうか。」

8

先生がいわれた。

「人間は〈詩〉によって善の心がふるいたち、〈礼〉によって安定し、音〈楽〉によって完成する［詩に興《おこ》り礼に立ち楽に成る］。」

9

先生がいわれた。

「一般の人民は、行なうべき道について、したがわせることはできるが、一つ一つ理由を理解させることは難しい。（感化するのがよい。）」

10

先生がいわれた。

「血の気が多くて貧乏を嫌うと、むりをして自ら人の道を外しやすい。他人に仁の徳がないからといって、ひどく嫌うと、その人は嫌われたことでやけになって道をふみ外しやすい。」

11

先生がいわれた。

「もし、だれかが周公《しゅうこう》のように優れた才能を持っていたとしても、その人が驕《おご》り高ぶり、他の人の才能をにくむようなら、その人には才能よりも大切な徳がないのだから、その才能も評価する価値はない。」

12

先生がいわれた。

「長年学問をしているのに、官職を得て俸給をもらおうとしない人は、なかなかいない。

（ひたすら学問に打ち込む人がもっと出てきてほしい。）」

13

先生がいわれた。

「聖人の道を深く信じて学問を好み、命がけで人の道を極める。亡びそうな国には入らず、乱れた国にはとどまらない。天下が治まり正しい道が行なわれる時には仕官して道のために活動し、天下に道がない時には世の中から退いている。国に正しい道があり治まっているのに用いられず貧しく低い地位にいるのは恥だ。国に道がなく乱れているのに、金持ちで高い地位にいるのも恥である。」

14

先生がいわれた。

「その地位、役職にいるのでなければ、その仕事には口出ししないことだ。(分限を守るのが大切だ。)」

15

先生がいわれた。

「私が魯の国にいた時に、名音楽家の摯《し》が楽官としていたが、始めの歌から最後の合奏まで実にのびやかで美しく、耳いっぱいに広がったものだ。」

16

先生がいわれた。

「気が大きく志を口にするくせに心がまっすぐでなく、無知なくせにまじめでなく、無能なくせに誠実でない、そんな人は私もどうしようもない。」

17

先生がいわれた。

「学問は、際限なく追い求め、しかも学んだことを忘れないか恐れる、そんな心構えで勉《つと》めるものだ。」

18

先生がいわれた。

「実に心が広いね、舜《しゅん》と禹《う》の天下の治め方は。世を治めただけでなく、賢明な人にまかせて治世を行なったところがまたみごとだ。」

19

先生がいわれた。

「まったく偉大なものだ、堯《ぎょう》の君主としてのあり方は。心が広く、自分ではなくただ天のみを偉大なものとみなし、ひたすら天の道理に則《のっと》って事を行なわれた。その徳はのびやかで広く、民は言葉にしようもないほどだった。堂々と民を治める偉大な事業をなし、輝かしい礼楽の制度を定められた。」

20

舜には五人の賢臣がいて天下がうまく治まった。周王朝をたてた武王《ぶおう》は、「自分には乱を治めてくれる臣下が十人いる。」といわれた。

孔子は、これを嘆いてこういわれた。

「人材は得がたいというが、そのとおりだね。堯と舜の時代以降では、この周の初め頃が人材が盛んに出たときだが、それでも十人のうち一人は婦人だから、男子の優れた人材は九人だ。(まことに人材は得がたいものだ。)周の武王といえば、その父の文王《ぶんおう》は、天下の三分の二までを支配下においていたにもかかわらず、礼節を重んじ、あえて諸侯の一つとして殷《いん》王朝に従っていた。周の徳は最高の徳だと言ってよい。」

21

先生がいわれた。

「堯・舜に続く天子の禹については、私から見て非の打ちどころがない。自分は粗食にし、神々へのお供え物は立派にした。自分の衣服は質素にし、祭祀の時の衣冠は美しくし礼を尽くした。住むところは粗末にし、田の水路のために尽力した。まさに非の打ちどころがない。」

子罕第九

1

先生は〈利〉（利益・利欲）についてはほとんど語られなかった。語られるときは、天命や〈仁〉とともに語られた。

2

達巷《たつこう》という地域の人がこういった。

「偉大なものだなあ、孔先生は。博《ひろ》く学んで、特定の専門で名声を得るということではないのだから。」

先生はこの話を聞いて、弟子たちに謙遜《けんそん》しつつこうおっしゃった。

「では、私は何を専門の技術としようか。御者にしようか。弓を射る者にしようか。そうだね、御者をやろうかね。」（学ぶべき六芸《りくげい》（礼・楽・射・御・書・数）の中で御（御車）は最も低い地位にあるので、先生は謙遜されたわけだが、先生の本心は一つの専門で名を成すことにではなく、道をきわめることにあった。）

3

先生がいわれた。

「礼服としては、麻の冠が正式だ。しかし、麻糸を織りこむのは手間がかかるので、このごろは絹糸にしている。これは倹約のためであり、実害はないので、私もみなに従おう。しかし、主君に招かれたとき、堂の下に降りておじぎをするのが正式な礼であるのに、このごろは上でおじぎをしているのは、傲慢《ごうまん》だ。礼儀上害があるから、みなのやり方とは違っても、私は下でおじぎをしよう。」（従ってよい変化とそうでない変化がある。）

4

先生には、次の四つのことがけっしてなかった。

自分の私意で勝手にやる〈意〉がなく、なんでもあらかじめ決めた通りにやろうとするい〈必《ひっ》〉がなく、一つのことに固執する〈固〉がなく、利己的になって我を張る〈我〉がない「子、四を絶つ。意なし。必なし。固なし。我なし」。

5

先生が匡《きょう》という土地で乱暴者の陽虎《ようこ》という者とまちがえられて、警備隊にとり囲まれたことがあった。弟子たちは動揺し、恐れたが、先生は動じず、天命を信じ、こういわれた。

「周《しゅう》の文王《ぶんおう》はすでに没せられたが、文王から伝えられてきた〈文〉すなわち聖人の道は、この私の身のうちにあるではないか。天がこの道をほろぼそうとしているならば、後代の私がそうした聖人の道の恩恵に与《あずか》れたはずはない。天がこの道をほろぼそうとしていない以上、道を伝えている私を、匡の者たちはどうすることもできまい。」

6

ある国の大臣が子貢《しこう》に、こう問いかけた。

「あなたの先生は聖人なんですね、本当に多能ですからね。」

子貢はこう答えた。

「もちろん天が許した聖人であられますが、多くのことができるから聖人だというわけではなく、その上多能でもあるということです。」

先生は、このやりとりを後で知られて、謙遜してこういわれた。

「その大臣は、私のことを意外に知っているね。私は若いとき身分が低かった。だから、つまらないことがいろいろできるようになったのだ。君子は、いろいろなことができるべきであろうか。いや、君子は多能である必要はない。」

7

門人の牢《ろう》がこういった。

「先生は以前、『私は世に用いられなかったので、こまごました技芸を身につけたのだ』とおっしゃられた。」

8

先生がいわれた。

「人は私のことをよくものを知っていると思っているようだが、それほどもの知りではない。ただこんなことはあった。あまりものを知らない人がまじめな態度で私に質問しに来たことがあったので、あれこれすみからすみまで教えた。（こうしたことを見て、世の人がもの知りだと思ったのかもしれない。）」

9

先生が嘆かれて、こういわれた。

「聖王が世に現れるときは、予兆として、鳳凰《ほうおう》が飛んできたり、黄河から竜馬が図版を背負ってくるようなことがあったというが、今はそんな予兆がない。私を用いる聖王が現れないというのでは、私にはもうどうしようもない。」

10

先生は、喪服を着ている人、貴人の礼服を着ている人、目の不自由な人を見ると、御自分が坐っているときはさっと立ち上がり、歩いているときは小走りに通り過ぎて、敬意を表された。

11

顔淵《がんえん》（顔回《がんかい》）が、ああと嘆息して、こういった。

「先生は、仰げば仰ぐほどいよいよ高く、切りこめば切りこむほどいよいよ岩のように堅く、とても及ぶことができない。前にいらっしゃるかと思えば、もう後ろにいらっしゃる。変幻自在で捉えがたい。先生は順序立てて人を導かれる。書物のような〈文〉をもって私の知識・見識を博め、〈礼〉をもって私の行動や精神をひきしめて下さる［博文約礼］。先生に学ぶことが喜びで、私は学問をやめようと思ってもやめられない。もはや私の才能と力の限りを尽くしたけれども、先生はいよいよ高く私の前に立たれている。ついて行きたいと思っても、どうしたらよいかわからないのだ。」

12

先生の病が重くなったとき、子路《しろ》は先生の最期を大夫の喪のように飾ろうと思い、門人を家臣にしたてた。病気が少しよくなったときに先生はこういわれた。

「もう長いことだね、由《ゆう》（子路）が礼に反していいかげんなことをするのは。家臣もいないのにいるようなふりをし、私はだれをだますのか。天をだまそうというのか。むだなことだ。それに、私は家臣の手で葬られるよりも、おまえたちの手でむしろ死にたい。そもそも、大葬のような立派な葬式はしてもらえないとしても、おまえたちがいるのだから、まさか道ばたで死にはすまい。」

13

子貢が先生に出仕の意思があるかを聞こうと思い、比喩を用いてこうたずねた。

「ここに美しい宝玉があるとします。箱に入れてしまっておくのがよいでしょうか、それともよい値で買ってくれる人を求めて売るのがよいでしょうか。」

先生はこう答えられた。

「売ろう、売ろう。私はよい値で私を買う人を待つ者だ［我は賈《こ》を待つ者なり］。」

14

先生が、ご自分の理想とする道が中国では実践されないことを嘆かれ、いっそ東方の異民族のいる土地に住まおうという気持ちをもらされたことがあった。

ある人が、「水準の低いいやしい土地ですから、それはいかがなものでしょうか。」というと、先生は、こう答えられた。

「君子がそこに住めば、何のいやしいことがあろうか。（君子には感化力があるのだから、心配はいらない。）」

15

先生がいわれた。

「私が衛《えい》の国から魯《ろ》に帰ってきて、古楽の正しく伝わっていないところを直したので、音楽は正しくなり、声楽の詩も本来の姿となった。」

16

先生が謙遜してこういわれた。

「外では朝廷の身分の高い人に仕え、家では父兄に仕え、葬《とむら》いをしっかりやり、酒を飲んで度を失うことがないようにする。私はできているだろうか。」

17

先生が川のほとりでこういわれた。

「この世のことは、まるでこの川の流れのように過ぎ去ってゆく。昼も夜も休まず流れてゆく。」

18

先生がいわれた。

「私はまだ美人を好むように徳を好む人を見たことがない。」

19

先生が人の道についてこういわれた。

「人が成長する道筋は、山を作るようなものだ。あともう一かごの土を運べば完成しそうなのに止《や》めてしまうとすれば、それは自分が止めたのだ［止《や》むは吾《わ》が止むなり］。それはまた土地をならすようなものだ。一かごの土を地にまいてならしたとすれば、たった一かごといえど、それは自分が一歩進んだということだ［進むは吾が往《ゆ》くなり］。」

20

先生がいわれた。

「私の話を聞いて、それを身につけようと怠らずに努力し続けるのは、回（顔回）だね。」

21

先生が若くして亡くなった顔淵を追憶してこういわれた。

「亡くなってしまったのが本当に惜しい。彼が前に進むのは見たが、止まるのは見たことがない。（生き続けていれば、どこまで進んだことだろうか。）」

22

先生がいわれた。

「苗のままで穂をつき出さない人がいるね。穂を出しても実らせるところまでいかない人もいる。（人格を完成させるまで、学に励むことが大切だ。）」

23

先生がいわれた。

「自分の後から生まれた者たちには、畏《おそ》れの気持ちを抱くのが当然だ［後生《こうせい》畏るべし］。これからの人が今の自分に及ばないと、どうしてわかる？　ただし、四十五十の年になっても評判が立たない人はもう畏れるまでもない。」

24

先生がいわれた。

「正しく理の通った言葉には従わずにはいられない。しかし、ただ従うのではだめだ。自分を改めるのが大切なのだ。やわらかく導いてくれる言葉は心地よいから、つい喜ぶ。しかし、喜ぶだけではだめで、真意を求めることが大切だ。ただ喜んでいるだけで真意を追求しなかったり、ただ従うだけで自分を改めないような人は、私にはどうしようもない。」

25

先生がいわれた。

「内から出たまごころである〈忠〉と、うそをつかない〈信〉を、生き方の中心にし、自分より劣った者を友人にはしないように「己に如《し》かざる者を友とすること無かれ」。もし自分に過失があれば、ぐずぐずしないで改めなさい。」

（学而第一・8に重出）

26

先生がいわれた。

「数万を率いる総大将でもその大将の身を奪うことはできるが、一人の男でも心の中にある志を奪うことは、だれにもできない「匹夫《ひっぷ》も志を奪うべからざるなり」。」

27

先生が子路のことをほめてこういわれた。

「自分は粗末な服を着て、狐やむじなのりっぱな毛皮を着た人たちといっしょに並んでいても恥じないのは、由（子路）だろうね。『詩経《しきょう》』にある『人に害を与えず求めもしないなら、どうして良くないことが起ころうか』という言葉通りだ。」

28

子路は先生の言葉を喜び、『詩経』のこの詩句を生涯口ずさんでいた。そんな子路に対して、先生はこう注意していわれた。

「我々のめざす道は、悪いことをしないといった、そんな消極的な態度で満足していてはいけない。（もっと積極的に善をなす態度に進むべきだ。）」

29

先生がいわれた。

「寒さが厳しくなってはじめて、松やひのきのような常緑樹が枯れにくいことがわかる。（人もまた厳しい局面になったときに真価がわかるのだ。）」

30

先生がいわれた。

「知者は迷いがなく、人格に優れた仁者は憂いがなく、勇者はおそれがない〔知者は惑わず、仁者は憂えず、勇者は懼《おそ》れず〕。」

31

先生がいわれた。

「ともに学ぶことはできる人でも、ともに真の道を求めて行けるとは限らない。ともに道を求めて努力できる人であったとしても、確固たる足場を持ってともに〈立つ〉ことができるとは限らない。そのように確かな覚悟でともに立つことができる人であっても、変化する個々の状況において適切な判断をともにすることができるとは限らない。（融通の利く判断力はむずかしいものなのだ。そこを目ざさねばいけない。）」

32

「唐棣《とうてい》の花がひらひらと心があるように動いている。お前を恋しいと思わないわけではないが、家があまりに遠すぎて逢えない」という古い歌を先生が引き合いに出されてこういわれた。

「これは本気で思いつめていないのだ。切実に思うのなら、家の遠さなどなにほどのものか。(人の道もまた、本気で思うのなら、達成するまでの道のりの遠さなど気にはならないものだ。)」

郷党第十

1

先生は、故郷では非常に恭しく《うやうや》、ものも言えない人のようであられた。

一方、宗廟《そうびょう》や政庁ではすらすらと話され、しかも慎重な様子であられた。

2

先生は、政庁で下級の大夫《たいふ》と話されるときは和らいでおり、上級の大夫と話されるときはきっちりとされていた。主君がお出ましになると、恭しくありながらも、ゆったりと自然な感じであられた。

3

主君に命じられて、お客の接待役を命じられたときは、顔色をあらため、足取りはそろそろとしていた。同じく接待役として立っている人にあいさつするときに手を左右に動かしても、着物の前も後も乱れなかった。小走りのときも見事な有様で、お客が退出すると、必ず、「お客さまは、満足なさって振り返ることなくお帰りになりました。」と報告された。

4

宮殿の門を入るときには、身体が入りきらないような感じで身をかがめて、つつしんで入られた。門の中央には立たず、敷居は踏まれなかった。主君の立つべき場所を通り過ぎるときには、顔色をあらため、足取りはそろそろとしていた。言葉は少なく、衣の裾《すそ》をとって堂に上がるときは、つつしんだ様子で息もなさらないかのようであった。退出して、階段を一段降りられると、ほっと安心した様子であった。階段を降りきって、小走りになるときは見事な有様で、自分のいるべき場所に戻っても、恭しくあった。

5

主君の代理を表す宝器の「圭《けい》」を持っているときは、身をかがめて、その重さに耐えられない様子で敬意を表した。圭は持って歩むとき、多少上下するのだが、上がる高さはあいさつのとき手を上げる程度までに、下がる低さは物を手渡しする程度までにとどまっていられた。顔には緊張した様子を表し、歩みはしずしずとされていた。贈り物を献上するときには、なごやかであり、私的な拝謁では楽しげであられた。

6

先生は、衣服においても君子としての範を示されていた。着物の襟《えり》や袖口に紺《こん》や緅《しゅう》といった色を使われなかった。紺は潔斎《ものいみ》のとき、緅は喪の明けはじめのときに使う色だからである。紅と紫は純粋な色ではないので、普段着にも使われない。暑い折には、室内では単衣《ひとえ》の葛布《くずぬの》という涼しいかっこうで過ごされたが、それでも外出の折には必ず上着をはおられた。冬の頃は、黒い着物の上には黒い羊の毛皮を、白い着物の上には鹿の白い毛皮を、黄色の服の上には狐の黄色い毛皮を合わせられた。普段着は長く作るが、右の袂《たもと》は短くされた。寝るときは必ず寝間着に着替えられた。寝間着の長さは身長の一・五倍である。家では狐や貉《むじな》の厚い毛皮を着られる。喪中を除いて、玉などを帯に下げる。祭祀用・政庁用の衣服以外は縫って作る。黒い羊の毛皮と赤黒い冠はめでたいときのものであるから、これで弔問には行かれない。毎月一日は、礼服で政庁に出勤された。

7

潔斎《ものいみ》のときは、湯浴みの後に、布で作った浴衣《ゆかた》を着る。潔斎のときは、食事の献立も変え、住まいも場所を変えられる。

8

先生の食はこのようであった。米は精米でよしとし、なますは細かく切ってかまわない。饐《す》えた飯、傷《いた》んだ魚、腐った肉、変な臭いがしてきたもの、調理に失敗したもの、時季外れのもの、切り方が正しくないもの、きちんとしたつけ汁がないもの、などは召し上がらない。飯より多くの肉を召し上がらない。酒には特に量を定めないが、乱れるまでは飲まれない。買ってきた酒や乾し肉は召し上がらない。生姜《しょうが》は捨てずに食べるが、食べ過ぎない。公《おおやけ》の祭祀のときには、主君から肉をいただくのだが、それはその日のうちに召し上がる。私的な祭りのときの肉は三日以内に食べきる。三日をすぎたら、もう召し上がらない。召し上がるときや就寝の際は、おしゃべりしない。粗末な飯、野菜のスープ、瓜などであっても供え物であれば敬虔にあつかわれる。

9

きちんとしていない座席には坐られなかった。

10

村人たちと酒を飲むときには、杖をついた老人が退出してから、退出された。村人たちが悪鬼を追い払う儀式をするときは、朝廷の礼服を着て、東の階段に立たれた。

11

他国にいる友人に使いを出す場合は、その使者を再拝してから送り出された。

12

魯《ろ》国の大夫である季康子《きこうし》が、先生に薬を送った。

先生は、お辞儀をしてこれを受けとっていわれた。

「薬が合うかどうかわかりませんので、今すぐの服用とはまいりませんことをお許しください。」

13

家の厩《うまや》が焼けた。政庁から退出してきた先生はいわれた。

「怪我人はなかったか？」

馬のことは問われなかった。

14

君主から食べ物をいただいたときは、必ず席を正しくしてから、少し口にされた。君主が生ものを下さったときは、必ず煮てから、祖先へのお供えにされた。君主が生き物を下さったときは、必ず飼育された。

15

君主と食事をともにされるときは、君主がお供えをし、先生は毒見をされた。

16

先生が病気で、君主が見舞いに来られたときは、東枕にして君主が南向きになるようにし、朝廷の礼服をかけてその上に帯を広げ、君主の前にあるときの作法を守られた。

17

君主から呼び出しがあったときには、馬車の用意が整うのを待たずに家を出られた。

18

魯の周公《しゅうこう》の霊廟《れいびょう》に入り、祭りを手伝われたときは、儀礼を一つひとつ人にたずねられた。

(八佾第三・15に重出)

19

寄る辺のない友人が死んだとき、先生は「うちで葬儀をしよう。」といわれた。友人からの贈り物に対しては、車や馬といった立派なものであっても、祭りのときの肉でないかぎりはお辞儀をせず、礼の節度を守られた。

20

寝ているときも死体のようにだらしなくはならず、家にいるときはくつろがれていた。

21

喪服を着ている人に対しては、たとえ親しくしている相手であっても、必ず容貌をあらためられた。爵位のある人や盲人を見れば、親しい相手であっても、必ず容貌をあらためられた。喪服の人に対しては、車上の礼式である「式」の礼をとられた。戸籍簿を持っている人に対しても、同様に式の礼をとられた。盛大な饗応を受けたときには、必ず顔つきをあらため、立ちあがって敬意を表された。雷や嵐にあえば、必ず容貌をあらためられた。

22

車に乗るときには、必ず立って綱をとられた。車中では、後ろを振り向いたり、ぺちゃくちゃとおしゃべりしたり、何かを指さしたりはなさらなかった。

23

雉《きじ》が人の姿に驚いて翔け上がり、飛びまわり安全を確認してから降りた。

先生はいわれた。

「山の橋にいる、あの雌雉、〈時〉というものを教えてくれるねえ。」

先生は雉の動きが的確に時（タイミング）を捉えていることをほめられたのだが、子路《しろ》は、時節の食べ物のこととかん違いし、その雉を捕らえて先生の御膳に出した。

先生は、三度臭いをかがれただけで口をつけずに席を立たれた。

先進第十一

1

先生がいわれた。

「周《しゅう》王朝のはじめの頃の儀礼や音楽は素朴で、後世の礼儀は華やかで洗練されていて立派だという見方があるが、私が自分で礼楽を執り行なうとすれば、昔のやり方にならって、素朴な飾りすぎないやり方でやりたい。（礼楽の本質は、飾りにはない。）」

2

先生がいわれた。

「そういえば、陳《ちん》や蔡《さい》の国を旅していた頃、楚《そ》国に私が招かれるのを阻止しようとして陳・蔡の国の者たちに取り囲まれたことがあった。食糧もなくなり、大変な目にあったが、あのとき、私と苦難をともにした弟子たちも、今はもう私のもとにはいないなあ。」

3

陳・蔡の事件の頃の弟子たちをなつかしんで、先生はこういわれた。

「徳行がすぐれた者としては、顔淵《がんえん》（顔回《がんかい》）と閔子騫《びんしけん》と冉伯牛《ぜんはくぎゅう》と仲弓《ちゅうきゅう》。言葉にすぐれた者としては、宰我《さいが》と子貢《しこう》。政事にすぐれた者としては、冉有《ぜんゆう》と季路《きろ》（子路《しろ》）。文学にすぐれた者としては、子游《しゆう》と子夏《しか》がいたなあ。」

（先生のこの言葉から、のちに、徳行・言語・政事・文学を孔門の四科、この十人を十哲、あわせて孔門の四科十哲という呼び名が生まれた。）

4

先生が顔淵についてこういわれた。

「回は、私に思いもよらない質問や意見をして私を啓発する類の人間ではなかった。回は私の言葉をすべて黙って聞き、すばやく深く理解し、それを喜びとしていた。（それが回の他の者にはないすぐれたところだ。）」

5

先生がいわれた。

「本当の親孝行だね、閔子騫は。父の後妻である義母と義弟二人がいて苦労をしたはずだが、父母兄弟に親孝行だとほめられ、そうした家族のほめ言葉に異を唱える人もいなかった。」

6

弟子の南容《なんよう》という人は、「白い玉《ぎょく》のきずは磨いて直せるが、言葉で人を傷つけたら直しようがない」という言葉をふだんから何度もくり返し、言葉を慎重にするようつつしんでいた。先生はそんな南容を、先生のお兄さんの娘さんの夫としてめあわせられた。

7

季《き》康子《こうし》という人が先生に、「お弟子さんの中で、だれが学問好きと言えますか。」とたずねた。

先生はこう答えられた。

「顔回という者がいて、本当の学問好きでした。不幸にして短命で死んでしまいました。今は、真の学問好きといえるような者はおりません。」

8

顔淵が亡くなったとき、父の顔路《がんろ》（この人も先生の古い門人であった）が、先生の車をいただいてそれを売り、顔淵の棺を入れる立派な外ばこを作りたいと、先生にお願いした。

先生はこういわれて、顔路の考えをたしなめられた。

「才能があるにせよ、ないにせよ、やはりそれぞれわが子というのはかわいいものだ。私の子の鯉《り》は才能あるものではなかったが、やはりかわいかった。その鯉が亡くなったときも、内棺だけだった。私は自分の車を売り徒歩で参列してまで外ばこは作らなかった。私も大夫《たいふ》の末席についている以上、徒歩で歩くわけにはいかないのだ。（親としての情はわかるが、財は義に従って用いるべきものだ。）」

9

先生が道を託していた最愛の弟子の顔淵が死んだ。先生はこういわれた。

「ああ、天は私をほろぼした。天は私をほろぼした。」

10

顔淵が死んだとき、先生は身をふるわせて声を上げて慟哭《どうこく》された。先生はこのような激しい悲しみ方をされる人ではなかったので、おともの者は驚いて、「先生が慟哭された！」といった。

先生は、この言葉に気づいてこういわれた。

「そうか、私は慟哭していたか。この人のために身をふるわせて泣かないのなら、一体だれのために慟哭するというのか。」

11

顔淵が死んだとき、顔淵の門人たちは立派な葬式をしたいと思った。

葬儀は身分に応じてするのが礼にかなったことだと考えられていたので、先生は、「それはすべきでない。」といわれたが、門人たちは立派な葬式をしてしまった。

先生は嘆かれて、こういわれた。

「回は私を父のように思ってくれたのに、私は回を子どものようにできなかった。子の鯉のときのように礼に従って質素な葬式にしてやれなかった。私がしたのではない、あの門人たちがしてしまったのだ。」

12

季路（子路）が神霊に仕えることについておたずねした。

先生はいわれた。

「いまだ人に仕えることもできないのに、どうして神霊に仕えられようか。」

また、死についてたずねられると、こういわれた。

「いまだ生もわからないのに、どうして死がわかろうか［未だ生を知らず、焉《いずく》んぞ死を知らん］。」

13

閔子騫が先生のおそばにつつしみ深くいて、子路は堂々とたくましく、冉有と子貢はなごやかな様子だった。先生は優れた門人たちにかこまれ、楽しまれた。

勇みすぎる子路に対して、「由《ゆう》のような者は、ふつうの死に方はできまい。」と戒められた。（先生のこのお言葉は不幸にも的中してしまい、子路は後に衛《えい》の国の内乱で殺されてしまった。先生が七十三歳の時、亡くなられる前年のことであった。）

14

魯《ろ》の役人が、主君の財宝を収める蔵を作ったとき、閔子騫は、「もとのものを修理して使えばいい。わざわざ新たに作り変えなくてもよいのに。」といった。

先生は、これを聞くと、「あの人はふだんみだりにものを言わないが、言えば必ず道理にかなったことを言う［言えば必ず中《あた》ること有り］。」とほめられた。

15

剛直な気質を持つ子路の琴の演奏の仕方が少々荒っぽいことに、先生が苦言を呈して、「由の琴は、私の門人としてふさわしくないね。」といわれたので、他の門人たちが、子路を尊敬しなくなった。

この状態を心配して、先生がこういわれた。

「人の道を建物にたとえて言えば、由はすでに堂の上にはあがっているのだ。まだ奥の部屋に入っていないというだけで、十分高い水準にある。（諸君が軽んじることがあってはいけないよ。）」

16

子貢が、「師《し》（子張《しちょう》）と商《しょう》（子夏）とでは、どちらがすぐれていますか。」とたずねた。先生は、「何ごとにつけ師はゆき過ぎている。商は足りない。」といわれた。

子貢が、「それでは師の方がすぐれているということですか。」と言うと、「中庸《ちゅうよう》が大切なのだ。ゆき過ぎは足りないのと同じだ［過ぎたるは猶《なお》及ばざるが如《ごと》し］。」といわれた。

17

魯の季氏《きし》は大夫（家老）の分際で、周王室の大功労者である周公《しゅうこう》よりも富んでいた。それだけでもおかしいのに、門人の冉求《ぜんきゅう》は季氏のために庶民から税を取り立てて、その富を増している。

先生はこれを批判して、「もはや私の弟子とは言えないね。諸君は太鼓を鳴らして求の罪を言いふらして責めていい。」といわれた。

18

先生は弟子たちの短所について、こういわれていた。

「柴《さい》（子羔《しこう》）は智が足りず愚かである。参《しん》（曾子《そうし》）は鈍い。師（子張）はうわべをかざって誠実さを欠いている。由（子路）はがさつだ。」

19

先生が顔淵と子貢を比較して、こういわれた。

「回は、人としての道の理想に近いね。米櫃《こめびつ》がしばしば空になっても苦に思わず、道を楽しむことをやめない。賜《し》（子貢）は、天命に安心することができないので、自分で積極的に財産を増やしている。頭はいいからよく予測し、当たることが多い。」

20

子張が善人（良い性質を持っているが学んでいない人）の行なうべき道についておたずねした。

先生はこういわれた。

「先人たる聖賢の道を学ばなければ、道の奥儀に至ることはできない。（生来の良い性質だけではだめなのだ。学ばなくては道には至れない。）」

21

先生がいわれた。

「言論がもっともだというだけで評価していたのでは、その人が本当に心と口が一致している君子なのか、口だけの人間なのかはわからない。」

22

子路が先生に、「人から善いことを聞いたならば、すぐにそれを行なった方がいいでしょうか。」とおたずねすると、先生はこういわれた。

「家には父や兄がおられるのだから、その意見を聞くべきだ。すぐに行なうのはよくない。」

冉有が、同じ質問を先生にした。先生は、「善いことを聞いたら、すぐに行ないなさい。」といわれた。

公西華《こうせいか》がたずねた。

「先生は二人の同じ質問に対して、異なる答えをおっしゃいました。私は迷ってしまいます。（恐れ入りますが、どのように考えられたのでしょうか。）」

先生はいわれた。

「求《きゅう》（冉有）は消極的だから、はげましたのだ。由（子路）はとかくやり過ぎるから、おさえるようにああ言ったのだ。」

（先生のお言葉は表面上異なっても、過不足ない中庸への方向性としては一貫している。）

23

先生が匡《きょう》の地で人に囲まれ危険にあわれたとき、顔淵は先生を見失って、後《おく》れてしまった。ようやく難をのがれ、先生のいるところにたどりついた。

先生はこれを喜んで、「死んでしまったかと思ったよ。生きていてよかった。」といわれた。

顔淵は、「先生が無事でいらっしゃるのに、どうしてこの回が死んだりいたしましょうか。」と答えた。

24

魯で権力を持つ季氏の季子然《きしぜん》が仲由《ちゆうゆう》（子路）と冉求を家臣にしたことを誇って、先生に「仲由や冉求は、すぐれた臣と言えますでしょうね。」といった。

先生は過大評価をおさえて、こういわれた。

「私はあなたがもっととりわけすぐれた人物についてたずねられると思いましたが、なんと由と求のことですか。すぐれた臣というものは、〈道〉にしたがって君主に仕えるもので、君主が道に外れた場合には、それに従わず身を退きます。由と求は、まだそこまでの道は極めておらず、頭数だけの臣といった程度でしょう。」

季子然が、「それでは主人のいいなりになる者ですか。」と問うと、先生は季子然の道に外れた野心を察知して、「二人はすぐれた大臣とは言えませんが、君臣の道は心得ています。父や君主を殺すような、道に外れたことには従いません。」と牽制《けんせい》された。

25

子路が季氏に仕えていた時、仲間の子羔を推薦して、季氏の領地の取り締まり役とさせた。

先生が子路を責めて、「そんな仕事をさせれば、学問をすべき若者をだめにしてしまう。」と言われると、子路は、「あの土地には、民もいて、祭祀の中心たる土地の神もいて、そこから学ぶべきものがあります。なにも書物を読むばかりが学問だとは限りませんでしょう。」といった。

先生は、「これだから、私は口先の上手い人間が嫌いなのだ。（どんな理屈をつけようと、学問を成就させるのが先決なのだ。）」といわれた。

26

子路、曾皙《そうせき》、冉有、公西華といっしょにいたとき、先生はこういわれた。

「私が少し年長者だからといって遠慮しなくてもいい。おまえたちは、ことあるごとに『自分の真価が認められていない』と不平を言っているが、もし、おまえたちのことを正当に評価して使ってくれる人がいたら、いったい何をやってみたいかね。」

子路はすぐに答えた。

「戦車を千台もつ程度の国が、大国の間に挟まれて苦労をしていて、その上飢饉《ききん》が襲ってきたとしても、私がそこで政治をすれば、三年でその国の国民に勇気を持たせ、道にかなった生活をさせてみせます。」

先生はこれを聞いてお笑いになった。

「求（冉有）よ。おまえはどうだね。」

冉有は答えていった。

「六、七十里、あるいはそれより小さくて五、六十里四方の地を治めて、三年も経てば、民をなんとか満足させることができるかと思います。〈礼〉や〈楽〉といったようなレベルの高いことについては、もっと立派な方におまかせするつもりです。」

「赤《せき》（公西華）よ、おまえはどうだい。」

公西華は答えていった。

「私は何かを立派にやり遂げられる、という段階ではありません。これからも勉強です。祭祀や会合の際には、きちんとした服装をして、しかるべき人のお手伝いをしたい、と思います。」

「点《てん》（曾晳）、おまえはどうだ。」

曾晳は琴を弾いていた手をとめ、立ちあがって答えていった。

「三人のように立派なものではありませんので。」

「気にしなくていい。みんなそれぞれ思うところを言っただけだ。」

「春のおわりであたたかくなり、春の着物も整ったころ、五、六人の青年、六、七人の少年といっしょに沂《き》の川で水遊びし、雨乞い台の上で涼み、歌を歌って家路につきたいと存じます。」

先生は感に堪えたかのようにいわれた。

「私も点と同感だ。」

三人が退室して、あとに曾皙が残った。

曾皙はいった。

「あの三人の抱負はいかがでしょうか。」

「みんなそれぞれ思うところを言っただけだよ。」

「先生はなぜ子路のことをお笑いになったのですか。」

「国は〈礼〉で治めるものだ。それなのに、由ときたら言葉も譲らずはりきっているものだからね。（あれでは礼どころではないし、国を治めるといってもね。）それでつい笑ってしまったのだ。由のように大きな話ではなくても、求が考えているものだって国だ。六、七十里、五、六十里といえば、立派に国だよ。赤の場合も同じく国の話をしている。祭祀や会合というのは、要するに重要な政治の場だ。まあ、『しかるべき人のお手伝いをしたい』とは、ちょっと遠慮がすぎるけれどもね。」

顔淵第十二

1

顔淵《がんえん》（顔回《がんかい》）が人の道である〈仁〉のことをおたずねすると、先生はこういわれた。

「自分の欲に克《か》ち、〈礼〉という規範に復《かえ》る［克己復礼《こっきふくれい》］が〈仁〉ということだ。一日でもそれができれば、世の中の人もこれを見習い、仁に目覚めるであろう。仁を行なうのは自分しだいだ。人に頼ってできるものではない。」

顔淵が、「その具体的なやり方をお教えください。」と願うと、先生はこういわれた。

「礼にはずれたことは、見ず、聞かず、言わず、せず、ということだ。」

これを聞いた顔淵は、「この回は至らない者ですが、このお言葉を実行していきたいと思います。」といった。

2

仲弓《ちゆうきゆう》が〈仁〉のことをおたずねすると、先生はこういわれた。

「ひとたび家を出て人と接するときには、大切な客を接待するつもりで接し、人民を使うときには、大切な祭祀を担当するときのつつしみ深さを忘れないように。自分が望まないことは、人にもしないように［己の欲せざる所は人に施すこと勿《な》かれ］。そのようにつつしみ深くすれば、君主や重臣から怨《うら》まれることはない。」

仲弓は、「この雍《よう》は至らないものですが、このお言葉を実行していきたいと思います。」といった。

3

よくしゃべると言われる司馬牛《しばぎゆう》が〈仁〉のことをおたずねすると、先生はこういわれた。

「仁の人は、言葉がひかえめだ。」

司馬牛が、「言葉がひかえめならば、仁だと言ってよろしいでしょうか。」とおたずねすると、先生は、いわれた。

「仁をなすとは難しいことだ。それだけに言葉もひかえめにならざるを得ない。」

4

司馬牛が君子についておたずねすると、先生はこういわれた。

「君子はなにも憂えず、なにもおそれない。」

司馬牛が、「なにも憂えず、なにもおそれなければ、それで君子と言えますでしょうか。」とおたずねすると、先生はこういわれた。

「（単に憂いやおそれがなければ君子ということではない。）君子というのは、自分の心を省みて少しもやましいことがないからこそ、なにも憂えず、おそれることがないのだ。」

5

司馬牛が、「世の人には兄弟がいるのに、私だけいない。」といった。

司馬牛には実は兄がいたが無法者であったので、孤独感があり、こういった。

子夏《しか》は、こうなぐさめた。

「私はこう学んだ。『死ぬも生きるも運命、富貴も天命による』と。君子たるもの、つつしんで落度なく、人とはていねいに礼を守ってつきあえば、世界中の人は皆兄弟となる。だから君子は、兄弟のないことなど悲しむ必要はない。」

6

子張《しちょう》が〈明〉（聡明、明智）についておたずねすると、先生はこういわれた。

「いかにも本当のように聞こえる悪口や、いかにも真実であるかのように肌にも迫る訴えに対して、その嘘を見破るようなら〈明〉と言っていい。そうした嘘をしっかり退けるようなら、先を見通す見識があると言っていい。」

7

子貢《しこう》が政治を行なう者の心得についておたずねした。先生はこういわれた。

「民の〈食〉（生活）を十分にし、〈兵〉（軍備）を整え、民の〈信〉を得るようにすることだ。」

子貢が、「やむをえず、この食・兵・信の三つの中でどれかをあきらめなければならないとすると、どれが先になりますか。」というと、「兵をあきらめよう。」といわれた。

なおも子貢が、「残りの食・信の二つのうち、やむをえずあきらめなければならないとすると、どちらですか。」というと、こういわれた。

「食をあきらめよう。もちろん、食が足りなければ大変だが、昔からだれにも死はある。もし民に為政者に対する〈信〉がなければ立ちゆかない「民は信なくんば立たず」。」

8

衛《えい》国の大夫《たいふ》である棘子成《きょくしせい》という人が、「君子には〈質〉（質朴・質素）がなによりも大切だ。〈文《かざり》〉など必要ない。」といった。

この言葉に対して子貢はこういった。

「残念だが、彼の君子観は失言だね。口に出した言葉は速馬でも追いつかないという言葉通りだ。〈文〉は、君子にとって質と同じくらい大切なもので軽視すべきではない。虎や豹の貴重な毛皮も、毛というかざりをとってしまい、皮という質《きじ》だけにしてしまえば、ありふれた犬や羊の皮と区別がつかなくなってしまう。（君子と小人の区別もこのようなもので、〈文〉も無視できない。）」

9

魯《ろ》国の哀公《あいこう》が孔子門下の有若《ゆうじゃく》に、「近年、飢饉《ききん》で税金が足りないが、どうしたものか。」と聞いた。

有若が、「どうして税を軽くして十分の一の税になさらないのですか。」というと、哀公は、「今行なっている十分の二の税でも足りないのに、どうして十分の一にできよう。」といった。

有若は、これに答えてこういった。

「民が十分足りていれば、君主が足りないということはありますまい。もし民が貧しければ、君主が富むということはありえません。(民と君とは一体なのです。)」

10

子張がどうしたら〈徳〉を高め、迷いをはっきりできるかをおたずねした。先生はこういわれた。

「〈忠〉と〈信〉とを第一にして、〈義〉へと進んでゆくのが、徳を高める道だろうね。迷いとは、たとえば、ある人を愛しているときは長く生きてほしいと思い、その人を憎むようになると死んでほしいと思うといったことだ。同じ人に対して、こんなに思いがころころ変わるというのが、迷いというものだ。」

11

斉《せい》国の景公《けいこう》が先生に政治についておたずねになった。先生がこう答えられた。

「国が治まるには、それぞれが自らの道を尽くすのが肝要です。いわば『君、君たり。臣、臣たり。父、父たり。子、子たり』ということです。」

景公は、「それは善い言葉だね。もし本当に、君が君でなく、臣が臣でなく、父が父でなく、子が子でないような、道に外れた状態ならば、たとえ穀物があったとしても、安心して食べることはできまい。」

12

先生が子路《しろ》を評してこういわれた。

「ほんの一言を聞いただけで訴訟の判断ができるとしたら、それは由《ゆう》だね。」

子路は引きうけたことはぐずぐずしないで実行した。

13

先生がいわれた。
「訴訟を処理する能力においては、私もほかの人間と同じだ。しいて違いをいうなら、私は民を安心させ訴えをなくさせるよう努力する。」

14

子張が政治についておたずねした。先生はいわれた。
「政治のことをいつも心において考え続け、実際にその考えを実行するときには、まごころをもってすることだ。」

15

先生がいわれた。
「博《ひろ》く書物を読んで、〈礼〉という規範で身をひきしめていくなら道に外れることはないね。」

（雍也第六・27に重出）

16

先生がいわれた。

「君子というものは、人の美点を励まして向上させ、逆に悪いところは正してなくさせる［人の美を成す。人の悪を成さず］。小人はこれとまったく逆のことをする。」

17

魯国で力を持つ季康子《きこうし》が〈政〉（政治）についてたずねた。先生はこういわれた。

「〈政〉とはまさに〈正〉です。もし貴殿が上に立つ者として〈正〉しさを率先したならば、だれもが正しくなろうとするでしょう。」

18

季康子が国に盗賊が多いのを心配して先生に対策をたずねた。先生はこう答えられた。

「貴殿が無欲であられたなら、民も恥を知り、たとえ盗みをした者に褒美を与えると言っても、だれも盗みをしたりしないでしょう。」

19

季康子が政治について先生にこうたずねた。

「もし道を無視する無道者たちを殺してしまって、世の中に規律をもたらすようにしたら、どうでしょうか。」

先生は答えていわれた。

「政治をするのに、殺すなどということは必要ありません。人の上に立つ貴殿が善い生き方を求めれば民も善を求めます。いわば、君子の徳は風で、小人の徳は草です。草は、風が吹きあたれば、必ずなびきます。」

20

有名になりたいと思っている子張が、「士人はどのようであれば〈達〉と言えるのでしょうか。」とおたずねすると、先生は、「どういう意味かね、おまえの〈達〉というのは。」

といわれた。

子張が、「君主（国）に仕えても、卿《けい》や大夫の家に仕えても、高い評判が立つという意味です。」とお答えすると、先生はこういわれた。

「それは、有名だが中身のない〈聞《ぶん》〉ということで、中身のある名声の〈達〉ではない。〈達なる者〉とは、正直で正義を愛し、人の言葉の奥をよみ取り、人の表情から真意を見抜き、配慮して控え目にしている者だ。その結果として、国に仕えても大夫の家に仕えても、自然に高い評判が立つということだ。これに対して、〈聞なる者〉とは、うわべは仁があるようにしているが行ないがともなわず、そんな実のないあり方に安住しているくせに、評判だけは良くするようにしている者だ。（おまえは実行のともなわない評判を追い求める〈聞〉なる者ではなく、まず実行し自然に評判の上がる〈達〉なる者を目指しなさい。）」

21

樊遅《はんち》が先生のお供をして雨乞いの舞台を遊覧していたときにこうおたずねした。

「恐れいりますが、〈徳〉（人格）を高め、邪念をとり除き、心の迷いをはっきりさせるのには、どうしたらよいでしょうか。」

先生はこういわれた。

「善い質問だね、それは。事をなすのを先にして、報酬を得るのを後にするのが、徳を高めることではないか。自分の悪いところを責めて、他人の悪いところを責めないのが、邪念をとり除くということではないか。また、かっとなって怒り我を忘れて争い、その禍いが親にまで及ぶ、これが迷いではないか。」

22

樊遅が〈仁〉とは何でしょうかとおたずねすると、先生は、「人を愛することだ。」といわれた。

〈知〉をおたずねすると、「人を知ることだ。」といわれた。

樊遅は、まだよくわからない様子だったので、先生はこういわれた。

「心のまっすぐな者を、心の曲がった者の上におけば、曲がった者がまっすぐになる、ということだよ。」

それでも理解できなかった樊遅は、先生の前を退いてから、子夏にたずねた。

「さきほど先生に知をおたずねしたところ、『心のまっすぐな者を、心の曲がった者の上におけば、曲がった者がまっすぐになる』と言われました。これはどういう意味でしょうか。」

子夏はこういった。

「それはすばらしいお言葉だな。聖人の舜《しゅん》が天子となったとき、多くの臣下の中から、人格の優れた皐陶《こうよう》を抜擢して任用したので、人格者でない不仁の者どもは遠ざかった。殷《いん》王朝を開いた聖王の湯《とう》が天子となったときも、多くの臣下の中から、人格者の伊尹《いいん》を抜擢したので、仁でない者は遠ざかってしまったのだ。」

23

子貢が友人との交わり方についておたずねした。先生はいわれた。

「友人がもし悪い方に行きそうだと思ったときには、まごころを尽くして忠告し、善の道へと導くべきだが、それでも聞き入れなければ、それ以上はやめておく方がいい。無理をしてかえって誤解され、自分が恥をかくようなことがないようにしなさい。」

24

曾子《そうし》がいわれた。

「君子は、詩書礼楽といった学芸を通じて友だちをあつめ、その友だち同士で、互いに人格を高めあうものだ。」

子路第十三

1

子路《しろ》が政治についておたずねした。

先生は、「民に率先し、民をねぎらうことだ。」といわれた。

子路がもう少し詳しく説明を、とお願いすると、「倦《う》まず、たゆまず行なうように。」といわれた。

2

仲弓《ちゆうきゆう》が魯《ろ》国の重臣である季氏《きし》に仕えて家臣の長となったとき、政治についておたずねした。先生はこういわれた。

「まず役人たちに担当の仕事をしっかりさせるのが第一だ。そして、彼らの小さな失敗は許し、その中から優秀な者を抜擢するように［小過を赦《ゆる》し、賢才を挙げよ］。」

仲弓が、「どのようにすれば優秀な者を見つけ抜擢できるでしょうか。」とおたずねすると、こう答えられた。

「おまえがこれぞと思った人物を抜擢すればいい。おまえが見出せない才能のある人物は、他の人がきっと推薦してくれるだろう。」

3

先生が衛《えい》の国におられたとき、子路がこういった。

「衛国の君主が先生をお迎えして政治をなさることになったとしたら、先生は何を一番先になさいますか。」

先生はこういわれた。

「第一にするのは、名を正すことだね［必ずや名を正さんか］。（君は君として、臣は臣として、そして父は父として、子は子として、名と実が合うようにすることだ。）」

当時の衛国の君主出公《しゅっこう》は父と争い、父を父とせず、祖父を父として祀り、名と実が一致せず乱れていた。それを念頭に先生はこういわれたが、子路は先生のお考えを理解できずに、こういった。

「うーん、先生のお考えは、遠回りのように思います。現実が急を要しているのに、どうして名を正すといった形式的なところからはじめられるのですか。」

先生はこういわれた。

「粗雑だね、由《ゆう》は。君子は自分がわからないことには、だまっているものだ。名と実が合わず乱れていれば、言うことも道理から外れてくる。言が道理から外れれば、物事がきちんとならず、その結果規律をもたらす〈礼〉と〈楽〉も盛んにならない。儀礼や音楽が衰えると刑罰も適切さを欠き、人民が安心して暮らせなくなる。

だからこそ君子は、まず名と実を一致させ、それを言葉で表し、そして必ず実行するようにするのだ。君子はよくわからないことについて、いいかげんなことを言わないものだ。」

(先生は、こう子路の失言をたしなめられた。子路は後に、衛国のこの争いに巻き込まれて、命を落とした。)

4

樊遅《はんち》が為政者となったときの知識として穀物作りの実際を知っておきたいと考え、それを教えてほしいと先生にお願いした。

先生は、「私は経験豊富な年寄りの農夫ほどは知らない。」と、教えようとはされなかった。

ついで、野菜作りについて学びたいという願いも、「私は年寄りの畑作りには及ばない。」といわれた。

樊遅が退出してから、先生は別の者にこういわれた。

「小人だね、樊遅は。上に立つ者が〈礼〉を好めば、人民はみな尊敬をする。上の者が〈義〉を好めば、人民は服するものだ。上の者が〈信〉を好めば、人民も誠実になる。そうであれば、ほかの土地の者たちも、その土地に住みたいと四方から子どもを背負ってやってくるだろう。為政者には君子の道徳が何より大切なのだから、どうして農業技術のこまごまとした知識を求めようとするのか。」

5

先生がいわれた。

「元来、詩は政治にも通じるものだ。しかし、『詩経《しきょう》』の詩を三百篇暗唱していたとしても、内政を担当させても事を達成できず、外交をまかせても相手とわたり合えないのでは、どれほど覚えていても、それは死んだ知識であり、取るに足りない。」

6

先生がいわれた。

「上に立つ者の身のあり方が正しければ、命令しなくとも民は自然に従い、物事は行なわれる。反対に、その身が正しくなければ、命令しても人は従わない。(感化が大切なのだ。)」

7

先生がいわれた。

「魯国の始祖周公《しゅうこう》（周王朝を建てた武王《ぶおう》の弟）と衛国の始祖康叔封《こうしゅくほう》は、元々兄弟であり、周の伝統を引き継いだその善政も似ていた。しかし、今では魯、衛ともに周の伝統を失い、魯では君臣の関係が乱れ、衛では父子の関係が乱れている。衰退の仕方もまた兄弟のように似ているのも皮肉なことだ。」

8

先生は、衛の国の公子《こうし》荊《けい》という人物をほめて、こういわれた。

「善く家を治めた人だね。家長となったはじめのころ、少しだけ家財があるのを『一応間に合っている』と言い、少し増えたときには『一応ととのった』と言い、富んで豊かになったときにも『一応美しくなった』としか言わなかった。（家財を蓄える才はあったが、家財への執着はなかった。そこがいい。）」

9

先生が衛の国に行かれたとき、冉有《ぜんゆう》が御者をした。

先生が、「衛は人が多いね。」といわれたので、冉有が、「人が多くいる今、この上に何をしたらよいでしょうか。」と質問したところ、「これを富ませよう。」といわれた。「富ませたら、その上何をしたらよいでしょうか。」とさらに質問をすると、「これを教育しよう。」といわれた。

10

先生がこういわれた。

「もしだれかが私を用いて国政を担当させてくれるならば、一年でもまずまずのことはやってみせよう。三年あれば、立派に達成させてみせよう。」

11

先生がいわれた。

「古い言葉に『ふつうの善人でも百年のあいだ国を治めれば、乱暴な者も善によって感化され、死刑も必要なくなる』とあるが、本当だね、この言葉は。」

12

先生がいわれた。

「もし天命を受けて帝王になった者がいたとしても、きっと一代、三十年かかってはじめて、〈仁〉がゆきわたった世界になるだろう。」

13

先生がいわれた。

「もし自分の身を正しくさえすれば、政《まつりごと》を行ない国を治めるのは難しくない。逆に、身を正しくすることができないようなら人を正しくすることなどできるはずもない。」

14

魯国で君主をさしおいて実権を握っている季氏の家臣の長を務めている冉有が、季氏の私的な政庁から退出してきた。

先生が、「ずいぶんおそかったね。」といわれると、冉有は、「今日は〈政《まつりごと》〉（国政の大事）がありまして。」と答えた。

先生はこういわれた。

「それは〈政《まつりごと》〉ではなく〈事《こと》〉、つまり季氏の私事であろう。もし、国政の大事なら、大夫《たいふ》であった私も相談くらいは受けるはずだ。（君主の行なう公的な政務の〈政〉と、私的な事務の〈事〉を混同してはいけない。そうした公私の混同から乱れが生じるのだ。言葉を正しく使いなさい。）」

15

魯の君主の定公《ていこう》が先生に、「一言で国を隆盛にする言葉はあるか。」とたずねられた。

先生はこうお答えになられた。

「言葉にはそこまでの力はございませんが、近い言葉はあります。『君であることは難しい。臣であるのも易しくない』という言葉があります。もし君主であることの難しさを知っているとすれば、国は隆盛するでしょうから、『君たること難《かた》し』は国が盛んになる一言に近いといえるでしょう。」

定公が続けて、「それでは、一言で国を滅ぼすような言葉はあるか。」とたずねられたので、先生はこう答えられた。

「言葉はそこまで力を持つものではありませんが、近いものはあります。『君主であるのは楽しくないが、自分の言うことにだれも逆らわないのは面白い』という言葉があります。君主の言葉が善いものなら、逆らう者がいなくてもけっこうでしょうが、もしそれが善くないものであるのに、臣民が逆らわず従うだけなら、そのような国はやがて滅びるでしょう。その意味では、国を滅ぼす一言に近いのではないでしょうか。」

16

楚《そ》国の葉公《しょうこう》が先生に政治についておたずねになった。

先生はこう答えられた。

「近くにいる民はよろこび、遠方の民は慕ってやってくる［近き者説《よろこ》び、遠き者来たる］ということです。」

17

子夏《しか》が魯の莒父《きょほ》という土地の長官になって、政の道をおたずねした。

「早く成果をあげたいと思うな。眼の前の小さな利益を見るな。成果を急げば達成しない、小利に気をとられれば大事はなしとげられない［速やかならんと欲すれば則ち達せず。小利を見れば則ち大事成らず］。」

18

葉公が先生にこういわれた。

「私の郷里には〈直《ちょく》〉そのものといっていい男がいまして、父親が羊を盗んだのを隠さずに証言したほどです。」

先生はこういわれた。

「私の郷里でいう〈直〉、まっすぐというのは、それとはちがいます。父は子のために隠し、子は父のために隠します。〈まっ直《すぐ》〉ということの真の意味は、こうした自然の人情の中にあるのではないでしょうか。」

19

樊遅が〈仁〉についておたずねした。

先生はこういわれた。

「日常ではつつしみ深くし、仕事に対しては敬意をもってきちんと行ない、人とのつきあいでは誠実にする。この三つのことは、どんなに文化・道徳水準の低い土地に行っても、やめてはならないことだ。」

20

子貢《しこう》が士の道について先生におたずねした。

「どのようであれば〈士〉、すなわち一流の人間といえるでしょうか。」

「自分の行ないにおいて恥を知り、四方に使いに出て君主の命令をきちんと果たすならば、〈士〉といってよかろう。」

「わかりました。それに次ぐものは、どのようなものでしょうか。」

「一族の者からは〈孝〉(親孝行)だといわれ、郷里の者からは〈弟《てい》〉(目上の人を立てる人間)だといわれるものだ。」

「では、その次はいかがでしょうか。」

「自分が言うことはなんでもとにかく守ろうとし、行なうことは善し悪しにかかわらず、とにかくきちんとやる者かな。まあ、小石のように小さく固まって、あまり融通のきかない類《たぐい》ではあるがね。」

「最近の政治をしている人たちは、いかがでしょうか。」

「ああ、自分の利益ばかりに敏感な器の小さい者たちだね。士として計るには足りない、つまらない器量だ。」

21

先生がいわれた。

「私は過不足のない中庸《ちゅうよう》の徳を備えた者に道を伝えたいと思っているが、中庸の徳が得がたいとすれば、次は〈狂《きょう》の人〉か〈狷《けん》の人〉かな。〈狂の人〉は大志を抱き積極果敢に善に向かう。〈狷の人〉は慎重だが節操があり、けっして不善をなさない。」

22

先生がいわれた。

「南方の人の言葉に、『言動がころころ変わる〈恒《つね》なき者〉には巫《みこ》の占いも医者の治療も役に立たない』とあるが、善い言葉だね。」

また、『易経《えききょう》』の中の「徳を恒《つね》に保たなければ、人から羞《はず》かしめを受ける」という言葉について、先生は、「易で占うまでもない、当然のことだ。〈恒久不変の〈恒の心〉が大切だ。〉」といわれた。

23

先生がいわれた。

「君子は人と和《やわ》らぎ協調するが、やたらとつるんだりはしない。反対に、小人はよくつるむが、協調性はない〔君子は和して同ぜず。小人は同じて和せず〕。」

24

子貢が、人物の評判についておたずねした。

「その土地の人がみなほめているとすれば、その人物はいかがでしょうか。」

「それでは、その人物がすぐれているとはいえない。」

「では、すぐれた人物がまわりからうとまれているということもありますから、その土地の人みなから憎まれている人物はいかがでしょう。」

「それでは不十分だ。土地の善人がほめ、善くない人が憎む、といった人物の方が上だ。」

25

先生がいわれた。

「君子的人物には仕えやすいが、喜ばせるのは難しい。君子にはへつらってもだめだ。筋の通った道義によってでなければ喜ばない。君子は思いやりがあって、部下の長所に合った仕事を与えるので仕事がしやすい。

反対に、小人的人物には仕えるのはむずかしいが、喜ばせるのはかんたんだ。へつらいのように、道理に合ったことでなくても喜ぶ。しかし、部下には何でもさせようとするから、その人の下で仕事をするのは大変だ。」

26

先生がいわれた。

「君子は落ちついてゆったりしていて、しかもいばらない。小人は、反対に、落ちつきがなくゆったりしていない［君子は泰《ゆた》かにして驕《おご》らず。小人は驕りて泰かならず］。」

27

先生がいわれた。

「物欲に左右されない〈剛《ごう》〉、志があり勇敢な〈毅《き》〉、かざりけがなく質実な〈木《ぼく》〉、心に思うところはあるが口下手な〈訥《とつ》〉。この四つの資質は、〈仁〉に近い［剛毅木訥、仁に近し］。」

28

子路が、「どのようでしたら〈士〉、一流の人物といえるでしょうか。」とおたずねした。

先生は子路に温和さが欠けているのを念頭において、こういわれた。

「人と交わるのに、誠意を尽くすこと、励ますこと、にこやかであること、が大切だ。友だちには、誠意をもって接し、励まし、兄弟にはにこやかであれば、〈士〉といえるね。」

29

先生がいわれた。

「ふつうの善人でも七年という歳月をかけて民を教育すれば、感化が進み、自らの生命をかけて戦争に従事するようにもなる。」

30

先生がいわれた。

「教育をしていない民を用いて戦うならば、きっと敗北する。これこそ上の者として、民を棄《す》てるということだ。(戦いは生死にかかわる大事なのだから、しっかりした教育が必要だ。)」

憲問第十四

1

門人の原憲《げんけん》（子思《しし》）が〈恥〉についておたずねした。

先生はいわれた。

「国家に〈道〉（道義）があれば、仕官して俸給を受けるのもいい。しかし、国家に道がなく、道義心のない政治で乱れているのに俸給を受け取るのは、恥だ。」

2

原憲が、「勝ちたがり（克《こく》）、自慢（伐《ばつ》）、うらみ（怨《えん》）、物欲（欲《よく》）の四つの心の動きを抑えられれば〈仁〉といえましょうね。」というと、先生はこういわれた。

「たしかにその四つを抑制するのは、難しいことだが、しかしそれで仁と言えるのかという私にはわからない。(仁とは、もっと高いものではないだろうか。)」

3

先生がいわれた。

「士人であるのに、生活の安楽さばかりを求めているようなら、それはもう〈士〉とは言えない。」

4

先生がいわれた。

「その国家に道義のある政治が行なわれているときは、正しいと思ったことを厳しく主張し、実践も自らに厳しく行なってよい。しかし、国家の政治が道義を欠いて乱れているときは、実践は厳しくしてよいが、主張はやわらげた方がいい。(そうした乱れた状況では、厳しい主張は反感を買い、自分の身を危うくするからだ。)」

5

先生がいわれた。

「徳のある人格者は必ず善い言葉を言う。しかし、善い言葉を言う者だからといって徳があるとは限らない。仁の人には必ず勇気があるが、勇敢な人に必ず仁があるとはいえない。」

6

南宮适《なんきゅうかつ》（南容《なんよう》）が先生にこうおたずねした。

「その昔、羿《げい》は弓がうまく、奡《ごう》は舟を地上で動かすほどの力持ちでしたが、どちらも普通の死に方はできませんでした。反対に夏《か》王朝を開いた禹《う》と稷《しょく》とは、ともに農耕に従事していただけなのに、天下を得る人物となりました。（やはり先生のように武の力よりも人格の力が大切だということでしょうか。）」

先生はその場では答えられなかったが、南宮适が退出すると、こういわれた。

「君子だね。南宮适のような人は。力よりも徳を喜ぶのだからね。」

7

先生がいわれた。

「君子であっても〈仁〉でない人はいるだろうね。しかし、小人なのに仁者だという人はいない。」

8

先生がいわれた。

「子を真に愛するならば、りっぱな人物にするために、あえて苦労をさせずにはいられない。真に君主に〈忠〉であるならば、ただ従うだけでなく、あえて進言し教えないではいられない。」

9

先生がいわれた。

「鄭《てい》の国の外交文書は、大変すぐれていた。というのも、文書作成においては、裨《ひ》諶《じん》が草稿を書き、博学の世叔《せいしゅく》が検討し、外交官の子羽《しう》が添削し、東里《とうり》に住む子産《しさん》が文章に磨きをかけたからだ。（四人の賢人が力を合わせて外交文書を作る、こうした慎重さがあればこそ、小国の鄭が大国の間にあって国を保つことができたのだ。）」

10

ある人が春秋《しゅんじゅう》時代の名士三人の評価を知りたいと思い、まず子産という人物の評価を先生におたずねしたところ、「民に恵み深い人だ。」といわれた。

子西《しせい》については、「語るに足りない。」といわれた。

管仲《かんちゅう》については、「ひとかどの人物だね。斉《せい》の桓公《かんこう》が管仲の功労を評価して、伯氏の領地の三百戸の村を伯氏から取り上げて管仲に与えたのだが、伯氏は粗末な食事をしながらも、生涯怨みごとを言わなかった。（管仲の功に心服していたからだ。これを観れば、人物のたしかさがわかる。）」

11

先生がいわれた。

「貧しくて生活が苦しいときに、人や運命をうらまないのは難しい。しかし、金持ちでいばらないのは、比較的易しい。」

12

先生が、魯《ろ》の大夫《たいふ》の孟公綽《もうこうしゃく》についてこういわれた。

「彼は、趙《ちょう》や魏《ぎ》のような大国でも、家老としては十分やれる。しかし、滕《とう》や薛《せつ》のような小国でも、一国の大夫にすることはできない。（家老は、家臣の長だが重要な政務の責任はない。これに対し、大夫には内外の政務をうまく処理する才が必要だ。彼は欲のない好人物だが、この才に欠けている。適材適所をおこたれば、国はあやうい。）」

13

子路《しろ》が〈成人〉、人格の完成された人とはどのような人であるのか、おたずねした。

先生はこういわれた。

「臧武仲《ぞうぶちゅう》の知、孟公綽の無欲さ、卞荘子《べんそうし》の勇、冉求《ぜんきゅう》の才芸を合わせもち、礼儀と雅楽でこれを飾るなら、完成された人、〈成人〉と言える。」

さらにこういわれた。

「しかし、今の時代の〈成人〉はここまでなくてもいい。自分の利益を目の前にしても〈義〉（道義・正義）を思い、危機に際しては一命をささげ、昔した約束を忘れないで果すならば、それもまた〈成人〉と呼んでもいいだろう。」

14

先生が衛《えい》国の大夫、公叔文子《こうしゅくぶんし》について衛の人である公明賈《こうめいか》におたずねになった。

「ものも言わず、笑いもせず、物を贈られても受け取らないという『不言不笑不取』の評判は本当ですか。」

公明賈がこう答えた。

「それはそう伝えた者のまちがいです。あの方は、余計なことを言わず、言うべきときにはじめて言うので、人にいやがられません。また、笑うべきときにのみ笑いますから、それが自然で人にいやがられません。道義にかなっているときにだけ、贈り物を受け取るので、人からいやがられません。（余計なことをせず過不足なく行なう方です。）」

先生は、「なるほど、不言不笑不取というのとはちがうのですね。」といわれた。

15

先生がいわれた。

「臧武仲は罪によって魯の国を追われたにもかかわらず、帰国して自分の管理する防《ぼう》という土地に立てこもって、後継ぎを立てたいと魯の君に要求した。これは主君にお願いしたのであって強要したのではない、と言っても私は信用しない。(後継ぎを立てるかどうかは君主の権限であり、要求が受け入れられないなら、反乱をおこすぞと君主を脅かすような真似は許されることではない。)」

16

先生がいわれた。

「同じように有名な覇者であるが、晋《しん》の文公《ぶんこう》はいつわって正しい道をふまず、斉の桓公は正しい道をふみ、いつわらなかった。ともに諸侯を集めた大会盟を行なったが、文公は天子のもとではなく、自国に諸侯を集め、天子まで呼びよせた。桓公の場合、周《しゅう》の昭王《しょうおう》が楚《そ》の国で謀殺されたとき、楚を討つ宣言をするなど、天子中心の態度をとった。(一般の名声をうのみにするのでなく、きちんと実像をつかまえることが大事だ。）」

17

子路がいった。

「桓公が、斉国の君主相続の争いで兄弟の公子糾《こうしきゆう》を殺したとき、糾の部下である召忽《しようこつ》は殉死しましたが、同じく糾の部下であった管仲は生き残って、しかも仇である桓公に仕えさしました。これでは、〈仁〉と言えませんね。」

先生はこういわれた。

「桓公は覇者として、諸侯を集め大会盟を行ない、衰えていた周の天子を中心とした中国の秩序を回復し、外敵をしりぞけた。それを武力を用いずに達成したのは、管仲の大功績だ。天下国家の運命という観点から見れば、だれがその仁に及ぼうか。だれがその仁に及ぼうか。」

18

子貢《しこう》がいった。

「管仲は仁の人ではないのではないでしょうか。桓公が公子糾を殺したとき、殉死もせずにかえって仇の桓公に仕えました。」

先生がいわれた。

「管仲は桓公を助けて諸侯の覇者となり、天下を正した。民は今に至るまでその恩恵を受けている。管仲がいなかったならば、私もまたざんばら髪で襟《えり》を左前にするといったような乱れた姿でいなくてはならなかったろう。管仲のような大人物が殉死しなかったことは、名もない男女が、世間に義理立てして首をくくって死ぬような小さな生き方と同列には扱えまい。」

19

今は亡き衛の国の公叔文子は、自分の家臣の僎《せん》をすぐれた人物として君主に推薦したので、僎が大夫に昇進し、文子と同等の立場で国家の政庁に立つようになった。

先生はそのことを聞かれると、「なるほど〈文〉という死後の美しいおくり名にふさわしいね。（自分の家臣と同列になるのをいとわず、国のために賢人を推薦したのだからね。）」

20

先生が衛国の君主霊公《れいこう》が道に外れていると話されたので、康子《こうし》が、「どうして、それで国君の地位を失わないでいられるのでしょうか。」といった。

先生はこういわれた。

「衛国には賢臣がいます。仲叔圉《ちゆうしゆくぎよ》が外交関係をうまく治め、祝鮀《しゆくだ》が国の祭祀を治め、王孫賈《おうそんか》が軍隊を治めています。賢臣が国家の要所を治めているのだから、どうして失脚しましょうか。」

21

先生がいわれた。

「内実のないことを大言壮語するのに恥を感じないようでは、それを実行するのは難しい。（言を軽んじる者は、実行力に欠ける。）」

22

斉の国の大夫陳成子《ちんせいし》（陳恒《ちんこう》）が主君の簡公《かんこう》を殺したとき、先生は斎戒沐浴《さいかいもくよく》して身を清め、魯国君主の哀公《あいこう》にこう告げられた。

「陳恒が主君を弑《しい》しました。これは大罪です。この魯国は斉の隣国ですから、道を正すために、どうか兵を起こしてお討ちとり下さい。」

しかし、哀公は自ら命令を下さず、魯国の実力者、孟孫《もうそん》・叔孫《しゆくそん》・季孫《きそん》の三者に言いなさいと先生にいわれた。

先生は退出なさると、「私もまた国政に参与する責任のある大夫の末席についている以上、とにかく筋を申し上げずにはおられなかったのだ。しかし、哀公は私に『あの三人に言え』とおおせられた。」といわれた。先生は三人のところへ行って話されたが、三人はきき入れなかった。魯の実力者三家もまた、斉の陳氏と同じく、主君の権力を上回り、軽んじるところがあったからである。先生はこういわれた。

「私も大夫の末席についている以上は、礼を守る上でも（無理かと思いつつも）あえて告げずにはいられなかったのだ。」

23

子路が主君に仕える道についておたずねした。先生はこういわれた。

「第一に、主君をあざむいてはならない。そして、君主の顔色をうかがわずに、諫《いさ》めるべきときには、勇気をもって諫めることだ。」

24

先生がいわれた。

「君子は上へ上へと達し、小人は下へ下へと達する。（君子は高尚なこと、重要なことに詳しく、小人はどうでもいいことに詳しい。）」

25

先生がいわれた。

「むかしの学問をする人は、自分の修養のためにしたが、今の時代の学問をする人は、人に知られたいためにする。」

26

先生と親しい関係にあった衛国の大夫の蘧伯玉《きょはくぎょく》が、魯の国にいる先生のもとに使者をよこしてきた。

先生が、「大夫はいかがなされていますか。」とたずねられると、使者は、「大夫は自分の過ちが少ないようにと努めておりますが、まだまだできていないと努めております。」とお答え申し上げた。

その使者が退出したあと、先生は、謙遜《けんそん》しつつも主人の人格をほめた使者の力量を、「りっぱな使いだ、りっぱな使いだ。」と評価された。

27

先生がいわれた。

「その地位、役職にいるのでなければ、その仕事には口出ししないことだ。(分限を守るのが大切だ。)」

(泰伯第八・14に重出)

28

曾子《そうし》がいわれた。

「君子は、自分の職分・本分を超えたことは考えないものだ。」

29

先生がいわれた。

「君子は自分の言葉が実行以上になることを恥とする。」

30

先生がいわれた。

「君子の道に三つがあるが、私にはまだできていない。その三つとは、〈仁者は憂えず〉、〈知者は惑わず〉、〈勇者は懼《おそ》れず〉ということだ。」

子貢は後にこのお言葉についていった。

「これはご自分から謙遜しておっしゃられたのであって、先生はおできになっている。」

31

子貢が他人の優劣を比較し、批評していた。

先生は、「賜《し》（子貢）は賢いんだね。私は自分の修養に忙しくて、他人を批判しているひまはないがね。」と遠回しに子貢をいましめられた。

32

先生がいわれた。

「人が自分の能力を知ってくれないことを不満に思うより、自分が力量不足であることを心配しなさい［人の己を知らざるを患《うれ》えず、その能わざるを患う］。」

33

先生がいわれた。

「だまされないか、自分が疑われないかと、はじめから先回りして勘繰ることはしないのに、『これはおかしい』と適切に素早く察知できる人は、賢いといえるね。」

34

ある隠者（世の中からはなれ山野に住む人）が先生にこういった。

「丘《きゅう》さん、おまえさんはいろんな国の君主に説いて回るのに忙しいようだが、それでは口先でうまく人にとり入っていることになるんじゃないかね。」

先生は答えていわれた。

「けっしてそんな口上手をやっているわけではありません。ただ独善的でこりかたまった考え方をする〈固《こ》〉という精神のあり方をにくむから説いているのです。」

35

先生がいわれた。

「一日に千里を行く名馬の驥《き》は、その走力をほめられるのではなく、その徳、性質のよさをほめられるのだ。（君子もまた同じだ。）」

36

ある人が先生におたずねした。

「怨《うら》みのある相手に対して怨みで報復するのではなく、恩徳で報いるというのは、いかがでしょうか。」

先生はいわれた。

「では恩徳のお返しには、何をもってするのですか。（怨みと恩徳のお返しが同じというのもおかしなことです。）率直《そっちょく》な気持ちで怨みにはそれなりに対し、恩徳には恩徳をもってお返しすることです。」

37

先生が嘆じてこういわれた。

「私のことを本当にわかってくれる人は、今の世にはいないなあ。」

子貢がこのことばをあやしんでこういった。

「先生のような方をわかるものがいないなどということがどうしてありましょうか。」

先生はいわれた。

「これまで不運であっても天を怨まず、人をとがめず、身近なことを学んで高尚な道徳へと達してきた。私のことをわかってくれるのは、〈天〉だ。」

38

魯国の実力者の季氏《きし》に子路が仕えていたが、子路の同僚の公伯寮《こうはくりょう》という人が、季氏の当主季孫《きそん》に、子路について事実でない悪口をいった。

魯の大夫の子服景《しふくけい》が先生にこのことをお知らせして、こういった。

「季孫殿は公伯寮の言葉に心を惑わし、子路を疑っておいでです。私の力でも公伯寮のやつを死刑にして広場でさらしものにすることはできます。」

先生はいわれた。

「世に〈道〉（道義）が行なわれるのも天命ですし、道が廃《すた》れるのも天命です。公伯寮ごときが天命をどうできましょうか。（天命にまかせるのがよろしいかと思います。）」

39

先生がいわれた。

「賢人は、世が乱れたときには世を避け、仕えない。これが一番だ。次は、乱れた国を避け、治まった国へ行く。次は、主君の自分に対する冷たい顔色・態度を感じとり避ける。その次は、主君の悪い言葉を聞いて、避ける。」

先生はいわれた。

「そういうことができた人は、七人いる。」

40

子路が魯国に帰国したとき、日が暮れて城門が閉まっていたため、石門《せきもん》という門の近くで泊まった。

朝になり城内に入ろうとしたところ、朝の門番が、「どちらから。」とたずねたので、子路が、「孔先生のお宅からだ。」と答えると、門番は、「不可能であることを知りながら、それでもまだする、あのごくろうな方のところですね。」といった。

41

先生が衛の国に滞在のところ、石の打楽器、磬《けい》をたたいておられた。

たまたま荷を背負って戸口前を通り過ぎた隠者らしき者が、その音色を聞いて、「天下に道を行なう心があるな、この叩き方は。」といった。

またしばらく聞いて、こういった。

「いや、よく聴くと、世を捨てきれない、いやしさがあるな、このこちこちの固い音には。自分のことをわかってもらえないのなら、やめて世から身をひけばいい。『深い川なら着物を脱いで、浅い川ならすそをまくればいい』と『詩経《しきょう》』にもある。世にわかってもらえないのに無理してがんばるのは、川の深浅に応じて対処法を変えないようなものだ。」

先生はこの言葉を聞いて、こういわれた。

「世に受け入れられないなら世を捨てる、というのはずいぶん思い切りがいいことだ。だが、そんな単純な思い切りは、難しいことじゃない。」

42

子張《しちょう》が先生にこうおたずねした。

「『書経《しょきょう》』に『殷《いん》の高宗《こうそう》は父王の喪に服して三年間ものを言わなかった』とありますが、どういうことでしょうか。(国政にさしつかえがありませんか。)」

先生がいわれた。

「それはなにも高宗にかぎったことではない。父母の喪は三年であり、むかしの人はみなそうだった。主君がお亡くなりになると、すべての官吏は自分の事務を自分で取りしきり、首相に命令を仰いだものだ。だから、後継ぎの君が、三年間何も言わないでも大丈夫だったのだ。」

43

先生がいわれた。

「上に立つ者が〈礼〉、規範を好めば、民も感化され、指導しやすくなる。」

44

子貢が君子についておたずねした。

先生がいわれた。

「自分の身を修《おさ》め、つつしみ深くすることだ。」

「それだけでよろしいのでしょうか。」

「自分の身を修め、人を安らかにすることだ。」

「それだけでよろしいのでしょうか。」

「自分の身を修め、万民を安らかにすることだ。これは堯《ぎょう》・舜《しゅん》のような聖人でさえも苦労されたことだ。」

45

先生の古い知り合いの原壌《げんじょう》が尻を地につけ、すねを立てて坐る不作法な姿で、先生を待っていた。

先生は、「小さいときから礼儀知らずで、大人になってから取り柄もなく、年をとって生きているだけ。こういうのを、世を害する賊《ぞく》というのだ。」といわれて、杖でそのすねをぴしゃりと打たれた。

46

闕《けつ》という村出身の童子が、先生の家で取りつぎをしていた。

ある人がこれを見て、「取りつぎはなかなか大切な仕事ですから、あの少年は学問の進んだ者ですか。」と先生におたずねした。

先生はいわれた。

「あの子は、子どもなのに隅にすわらず大人と同じように上席についたり、一歩下がって歩くべき先輩と肩並べて歩いたりします。そんな姿を私は目にしています。良いものを学ぼうというより、ただ早く成人なみになりたいと思っているだけの子です。(ですから、礼儀作法を学ばせるために、取りつぎをさせているのです。)」

衛霊公第十五

1

衛《えい》国の君主、霊公《れいこう》が軍隊の陣形について先生にたずねられた。

先生はお答えして申し上げた。

「祭器の並べ方なら前から知っておりますが、兵隊の並べ方については学んだことがありません。」

先生は霊公が戦いを好むのをよしとせず、翌日、衛の国を立ち去られた。

2

先生の御一行は、衛を去り陳《ちん》の国へ行かれたが、そこで衛国の大夫《たいふ》によって七日間囲まれ食糧がなくなり、お供の者は飢《う》えて起き上がることもできなかった。

子路《しろ》がこんな理不尽な状況に腹を立てて、先生に、「君子でも困窮することがあるのですか。」といった。

先生はいわれた。

「君子ももちろん困窮することはある。小人は困窮すると心が乱れて、でたらめなことをするが、君子は乱れない［君子固《もと》より窮す。小人窮すればここに濫《みだ》る］。（そこが違いだ。）」

3

先生が子貢《しこう》にいわれた。

「賜《し》よ、おまえは私のことを、たくさん学んで覚えている者だと思っているか。」

子貢が、「その通りでございます。ちがいますでしょうか。」と答えると、先生はこういわれた。

「ちがうよ。私は一つの道理をもって世のさまざまな事に対する、いわば『一《いっ》以てこれを貫く』者だ。」

4

先生が子路にいわれた。

「由《ゆう》よ、〈徳〉のことがわかる人は少ないね。」

5

先生がいわれた。

「自分が手を下さず、何もしなくても天下が平和に治まる、という政治ができたのは、まあ舜《しゅん》くらいであろうか。自分の身をつつしみ深くして、正しく天子の座につかれていただけだ。(偉大なる徳のなせるわざだね。)」

6

子張《しちょう》がどうしたら世に正しい道徳が実現するのか、その方法を先生におたずねした。

先生はいわれた。

「言葉にまごころがあり、行ないにつつしみがあれば、文化のない外国であっても、道は行なわれる。しかし、そうしたことができなければ、文明のある国内の町や村であっても、道は行なわれない。言ってみれば、官僚として政庁に立っているときには、まごころやつつしみが目の前にあるように見え、政庁への出入りに車に乗っているときにも、まごころやつつしみが車の前の横木に書いてあるように見える。それほどまでにたえずその二つを意識し続ける努力をして、はじめて道徳を世に実現できよう。」

子張は、このお答えを、忘れないように自分の帯に書きつけた。

7

先生が衛の大夫、二人を評してこういわれた。

「まっ直《すぐ》だね、史魚《しぎょ》は。国家に道があるときも、道がなく正義が行なわれていないときも正しいことを直言する。まるで矢のような〈直〉だ。蘧伯玉《きょはくぎょく》は、それより上の君子といえるね。国家に道があるときには仕えて才能を発揮し、道のないときには、才能をふところにおさめて隠し、難をまぬがれることができる。」

8

先生がいわれた。

「ある人の意見に賛同すべきときに、ともに発言しないでいると、その人との信頼関係を取りにがす。賛同すべきでないときに、ともに発言し賛同したりすると、言の信用を失う。知者は、そのようなあやまちをしないので、人の信用も、言の信用も失うことはない「知者は人を失わず。亦《ま》た言を失わず」。」

9

先生がいわれた。

「志がある人や仁の人は、命惜しさに人の道である〈仁〉を害することはしない。逆に、わが身を殺しても仁を成そうとする。」

10

子貢が〈仁〉の徳の身につけ方についておたずねした。

先生はいわれた。

「職人が仕事をうまくやろうとすれば、必ずまず道具を磨く。そのように、その国の政務を担当する大夫の中のすぐれた人物にお仕えし、その国の士人の中の仁徳ある者を友だちにして、自分を磨きあげることだ。」

11

顔淵《がんえん》（顔回《がんかい》）が国の治め方をおたずねした。

先生はこういわれた。

「暦は農業に便利な夏《か》王朝の暦を使い、車は質素でじょうぶな殷《いん》王朝式に乗り、冠は儀礼用として立派な周《しゅう》王朝式のものをかぶる。音楽は正調である舜の韶《しょう》の舞いをし、俗調である鄭《てい》の音曲はやらないようにする。また口先だけの者は遠ざけるようにする。鄭の音曲は下品であり、口上手な者は危険だからだ。」

12

先生がいわれた。

「人として、遠くまで見通す配慮がないようでは、きっと身近な心配事が起こる［人にして遠き慮《おもんぱか》りなければ、必ず近き憂いあり］」。

13

先生が嘆息していわれた。

「もうだめだなあ。私は美人を好むように徳を好む人を見たことがないよ。」

14

先生がいわれた。

「魯《ろ》国の大夫臧文仲《ぞうぶんちゅう》は、いわば位を盗んだ人だな。柳下恵《りゅうかけい》が賢人であることを知りながら、主君に推薦しなかった。自分と同格になって、ともに政庁に立つことをきらったのだ。」

15

先生がいわれた。

「自分の非にはきびしくし、他人の非にはゆるくする。そうすれば、人から怨《うら》まれたりしなくなるものだ。」

16

先生がいわれた。

「『これをどうしたらよいか、これをどうしたらよいか』と懸命に考えない者は、私にもどうすることもできない〔如之何《いかん》、如之何と曰《い》わざる者は、吾《わ》れ、如之何ともすること末《な》し〕。」

17

先生がいわれた。

「一日中群れて雑談し、話が道義のことには及ばず、好んで浅知恵を働かすというのでは、君子となるのは難しい。」

18

先生がいわれた。

「義を根本とし、礼法にしたがって行ない、謙遜して発言し、誠実さをもってしあげる。これでこそ君子だね。」

19

先生がいわれた。
「君子は自分に能力がないことを気にし、人が自分を評価してくれないことなどは気にかけない。」

20

先生がいわれた。
「君子は名声のために生きるのではないが、生涯世の人にその名を賞賛されないことも恥とする。（いつか真価を認められるようにと自分を磨き続けるのだ。）」

21

先生がいわれた。

「君子は事の責任・原因を自分に求めるが、小人は他人に求め、責任を転嫁《てんか》する「君子は諸《これ》を己に求む。小人は諸を人に求む」。」

22

先生がいわれた。

「君子は謹厳だが、人と争うことはしない。他の大勢と一緒にいることはあっても、徒党を組むことはない。」

23

先生がいわれた。

「君子は、発言が良いからといってその人物を抜擢せず、また人物がすぐれなかったり身分が低かったりしても、その発言を無視したりはしない。（君子は、人と言とを混同しない。）」

24

子貢が、「ただ一つの言葉で一生かけて行なう価値のあるものはありますか。」とおたずねした。

先生はこういわれた。

「それは〈恕《じょ》〉だね。思いやりということだ。自分がされたくないことは、人にもしないように「己の欲せざる所を、人に施すことなかれ」。」

25

先生がいわれた。

「私は人を、理由なく悪く言ったり、ほめたりはしない。もしほめることがあるとすれば、根拠があってのことだ。今の世の民もよく治まっていた夏・殷・周、三王朝時代の民と同じように、善悪や是非を区別し、不公正なことをしない民である。(民がそうであるなら、善を善とし、悪を悪とする公正な態度が大切であり、たいした根拠もなく、やたらにそしったり、ほめたりするべきではない。)」

26

先生がいわれた。

「私の若いころには、まだこんなことがあった。歴史の記録官が疑わしいことについてはあえて書かないで空白にしておいて、後の世の知者の知恵を待った。また馬を持っている者が人にただで乗せてやった。今の時代では、そんな慎重さや人情はあまり見なくなった。」

27

先生がいわれた。

「口のうまい者に乗せられると、善悪の区別があいまいになり、徳が乱される。小さなことでむきになるようでは、大事を成し遂げられない。」

28

先生がいわれた。

「世の多くの人が悪く言うときも必ず自分で調べ考える。世の多くの人がよく言うときも必ず自分で調べ考える。」

29

先生がいわれた。

「人が〈道〉を弘《ひろ》めるのであって、〈道〉が人を弘めるのではない。〈道徳を実現できるのはあくまで人間である。〈道〉という抽象的な何かが人間を良くしてくれるわけではない。肝心なのは人間の努力だ。〉」

30

先生がいわれた。

「過ちをしても改めない、これを本当の過ちという［過ちて改めざる、これを過ちと謂《い》う］。」

31

先生がいわれた。

「私は以前、一日中食べず、一晩中眠らずに考え続けたことがあったが、むだだった。書を読み、師に聞いて学ぶ方がいい。」

32

先生がいわれた。

「君子は、〈道〉、正しい心のあり方を求め、食をことさら求めない。食を得ようと耕しても凶作などで飢えることもある。君子が学ぶのは道を得るためだが、学べば人に用いられて俸禄《ほうろく》が得られる。君子は道のことを心配するが、貧しいことは心配しない。」

33

先生がいわれた。

「〈知〉（知識・学問）は十分であっても、私欲のない〈仁〉で守りかためなければ、人の信頼を失う。知と仁は十分であっても、〈荘《そう》〉（威儀を正したどっしりした態度）で臨まなければ、人の尊敬は得られない。知・仁・荘が十分でも、人の気持ちを動かすのに〈礼〉

（礼儀）をもってしなければ、善を尽くしたとはいえない。」

34

先生がいわれた。

「君子は小さな仕事では本当の力を出せないが、大きな仕事をまかせれば本領を発揮することができる。小人は、大きな仕事はまかせられないが、小さい仕事では力を発揮する。」

35

先生がいわれた。

「水や火は生活に必要だが、人に〈仁〉が必要なのは、水、火以上である。それに水や火にはふみこんで死ぬ人も見るが、仁にふみこんで死んだ人を見たことはない。（なぜ人格を磨く仁の道にふみこむのをためらうのであろうか。）」

36

先生がいわれた。

「〈仁〉を行なうに当たっては、先生にも遠慮はいらない［仁に当たりては、師にも譲らず］。」

37

先生がいわれた。

「君子は筋《すじ》を通すが、馬鹿正直に小さなことにこだわることはない。」

38

先生がいわれた。

「主君の下で仕事をするに当たっては、まずなによりもその仕事を誠心誠意しっかりこなし、報酬や待遇のことは後回しにすることだ。」

39

先生がいわれた。

「教育は人を選ばない。（どんな種類の人間も教育によって向上する。）」

40

先生がいわれた。

「進む道が同じでないならば、話し合ってもしかたがない。（事をはかるのであれば、道を同じくする者とするのがよい。）」

41

先生がいわれた。

「文章は、意味が伝わるのが何より大切だ〔辞《じ》は達するのみ〕。」

42

目の不自由な音楽師が先生に面会しに来たことがあった。

彼が階段に近づいたとき、先生は「階段があります。」といわれ、席に近づくと、「ここがお席です。」といわれた。

みなが坐ると、「だれそれはそこに、だれそれはここにいます。」と丁寧に説明された。

楽師が退出すると、子張がおたずねした。

「あのようにするのが楽師への対応の仕方でしょうか。」

「そうだ。古より楽師は目の不自由な人がなす仕事であったから、あのように丁寧に対応し助けるのが作法とされてきた。その作法にしたがったのだ。」

季氏第十六

1

魯《ろ》の重臣である季氏《きし》が、魯の属国である顓臾《せんゆ》を攻めようとしていた。季氏に仕えていた冉有《ぜんゆう》と季路《きろ》（子路《しろ》）は、先生のところへ来て、「季氏が顓臾を攻めようとしています。」と申し上げた。

先生はいわれた。

「求《きゆう》（冉有）よ、おまえの方がまちがっているということはないのかね。そもそも顓臾という国は、昔、周《しゆう》の王がわが国にある東蒙山《とうもうさん》の祭り主として定めた国であって、だからわが国の領土の中にあるのだ。それをなんでわが国の重臣が攻めなければならないのだ。」

冉有がいった。

「私たちもそう思いますが、季氏はそれでも顓臾を欲しがっているのです。私たちはそんなことをしたくないのです。」

先生はいわれた。

「求よ、古《いしにえ》の記録官であった周任《しゅうにん》に、次のような言葉があるのを知っているかね。『力を尽くして職務に当たり、できなければ辞職する』と。危ないところを助けない、転んだところを支えない、というのでは、助け役というのはいったい何の役に立つのだろう。それにおまえの言い分はまちがっている。虎や野牛が檻《おり》から逃げだせば、それは番人の責任。亀の甲や宝玉が箱の中で壊れていたら、それは管理人の責任ではないか。(主君のせいにするのはよくないね。おまえたちの責任だよ。)」

冉有はいった。

「しかし、先生。顓臾は、季氏の領地である費《ひ》にも近く、堅固な地ですから、今、取っておかないと、後で必ず後悔することになりそうなのです。」

先生はいわれた。

「求よ、本当は顓臾を欲しがっているくせに、最初に『自分たちは攻めたくないと思っているんですが』などと言う。こういう言い方は、私は嫌いだね。

さて、顓臾についてだが、私は次のように聞いている。『国を保ち家を保つ者は、貧しいことを心配するのではない。みなが不公平であることを心配する。貧しいことを心配するのではなく、みなが安心できないことを心配する』と。思うに、公平であれば貧しいということもなく、仲よくしていれば少ないということもなく、安心があれば動揺もなくなるものだ。遠くの人がこちらに服さないのであれば、武ではなく文の徳でこちらに引き寄せ、その上で安定させるのが筋《すじ》ではないか。いま、おまえたちふたりは、季氏を助ける立場にありながら、遠くの人が服さないのを引き寄せることもできない。国がばらばらになりそうなのに、それを守ることもできない。それでいながら、国内で戦争を起こそうとしている。季孫《きそん》が顓臾を気にかけているうちに、国内で争いが起こるのではないか、と私はそれを恐れているのだよ。」

2

先生がいわれた。

「天下に〈道〉が行なわれていれば、〈礼〉や〈楽〉、あるいは征伐はすべて天子から起こる。天下に道が行なわれていなければ、礼や楽、征伐は諸侯から起こるようになる。諸侯から起こるようになっては、まず十代はもたない。諸侯の重臣である大夫《たいふ》より起こるようになっては、まず五代ももたない。大夫の家臣が国政をとるようになったとしたら、まず三代ももたない。天下に道が行なわれていれば、大夫が政治の実権を握ることはなく、庶民が政治についてあれこれ口出ししたりもしなくなる。」

3

先生がいわれた。

「臣下の待遇を決める権限は本来君主のものであるが、それが魯の君主から失われてもう五代になる。国政が季氏らの大夫（重臣）に握られてから、四代になる。そのように筋に外れたことが長く続くわけはない。だから、季氏の三家の子孫たちの力も衰えてきたのだ。」

4

先生がいわれた。

「有益な友が三種、有害な友が三種ある。人間のまっすぐな〈直《ちょく》〉なる者、誠実な者、知識のある〈多聞《たぶん》〉の者を友にするのは有益だ。反対に、まっすぐものを言わないで追従する者、裏表があって誠実でない者、口ばかりうまい者を友にするのは、有害だ。」

5

先生がいわれた。

「有益な楽しみが三種、有害な楽しみが三種ある。礼儀と音楽をきちんと行なうことを楽しむ、他人の善行や美点をほめるのを楽しむ、すぐれた友だちが多いのを楽しむ。この三楽は、有益だ。反対に、度を越して驕楽《きょうらく》する、なまけて遊ぶのを楽しむ、酒におぼれて楽しむ。この三楽は有害だ。」

6

先生がいわれた。

「上位の人に仕えるときに、三つの過ちがある。言うべきときではないのに、言うのは、お調子ものだ。言うべきなのに言わないのは、隠し立てする者だ。上の人の表情からその考えを推察しないで発言するものは、ものが見えていない者だ。」

7

先生がいわれた。

「君子には人生の時期に応じて、三つの戒めがある。若いときには血気が落ちつかないので、男女の情欲を戒める必要がある。三十歳前後の壮年期には血気が盛んで人とぶつかりやすいので、人と争い闘うことを戒める必要がある。老年になると血気が衰えて肉体的な欲望は少なくなるが、財貨を求めすぎる欲を戒める必要がある。」

8

先生がいわれた。

「君子には畏《おそ》れ敬うことが三つある。天命を畏れ、人格のすぐれた先輩を敬愛し、聖人の言を畏れ敬う。小人は天命を知らないからこれを畏れず、すぐれた先輩になれなれしくして尊敬せず、聖人の言をあなどる。」

9

先生がいわれた。

「生まれつきわかっている者が最上である。学ぶことによって理解する者は、その次だ。ゆきづまって学ぶ者がその次であり、ゆきづまっても学ばないのが最低だ。」

10

先生がいわれた。

「君子には九つの思うことがある。見るときには〈明〉（はっきり見ること）を思い、聴くときには〈聡〉（もれなく聞くこと）を思い、顔つきは〈温〉（おだやかであること）を思い、姿・態度については〈恭〉（うやうやしく控えめであること）を思い、言葉については〈忠〉（誠実であること）を思い、仕事には〈敬〉（慎重であること）を思い、疑わしいことには〈問〉（問いかけること）を思い、怒るときには〈難〉（その後のめんどう）を思い、利得を目の前にしたときは〈義〉（公正な道義）を思う。」

11

先生がいわれた。

「『人の善行を見れば、とても自分は及ばないと気を引きしめ、不善を見れば、熱湯に手を入れたときさっと手を引くように、遠ざかる』。私はそういう古語を聞いたし、そういう人も見た。『世が乱れているときは、隠れ住んで志をきたえておき、活躍の場を得たときは義（道義）にしたがって人の道を世に広める』。私は、こういう古語を聞いたことはあるが、まだこういう人は見たことがない。」

12

先生がいわれた。

「斉《せい》国の景公《けいこう》は、馬四千頭を所有するほど富を持つ君主であったけれども、死んだときにはだれも徳（人格）をほめる者はいなかった。一方、伯夷《はくい》と叔斉《しゅくせい》は首陽山《しゅようざん》のふもとで飢《う》え死にしたけれども、人々は今にいたるまでほめている。『詩経《しきょう》』にある『その名が賞讃されるのは、富によるのではなく、ふつうの人間とは違う徳行による』という言葉は、このことを言っているんだろうね。」

13

門弟の陳亢《ちんこう》が先生の子の伯魚《はくぎょ》にこうたずねたことがあった。

「あなたはお父さまである先生から、特別な教えを受けたことがおありですか。」

伯魚はこうお答えした。

「いえ、特にはありません。いつか、父が庭に一人で立っておりましたとき、私がそこを小走りで通ると、父が、『詩三百篇を学んだか。』と言いました。私が、『いいえ、まだです。』と答えますと、父は、『詩を学ばなければ、ちゃんとした発言はできないよ。』と言いました。私はその後、詩を学びました。また、ある日同じように庭で私が父のそばを通ったとき、『礼を学んだか。』と聞かれましたので、『まだ学んでいません。』と答えると、『礼を学ばなければ、世に出てやっていけないよ。』と父は言いました。私はその後、礼を学びました。この二つのことを教えられました。」

陳亢は、退出すると喜んでいった。

「一つを聞いて、三つのことがわかった。詩が大事であること、礼が大事であること、そして、君子（先生）は自分の子を特別あつかいしないということ、を教えられた。」

14

国君の妻のことは、君主は「夫人《ふじん》」と呼ぶ。夫人は自分のことを「小童《しょうどう》」といい、その国の人が国内で呼ぶときには「君夫人《くんふじん》」といい、外国に対していうときには謙遜《けんそん》して「寡《か》小君《しょうくん》」と呼んだ。外国の人がいうときには、敬意を表して、やはり「君夫人」と呼んだ。

陽貨第十七

1

魯《ろ》国で権力を持つ季孫氏《きそんし》の家臣の陽貨《ようか》（陽虎《ようこ》）が先生にお会いしたいと思ったが、先生は陽貨の人物を好んでいなかったので、避けて会われなかった。

そこで陽貨は、先生の留守のときに、高価な蒸した子豚を贈った。先生がお礼のあいさつに来たところで会おうと陽貨は考えていたが、先生はそれをわかっておられていて、陽貨が留守のときを見はからってお出かけになられた。しかし、陽貨がまちぶせしていたのか、途中で出会ってしまわれた。陽貨がこういった。

「お話をしたいと思っていました。貴殿は、宝を胸に抱きながら国を乱れたままにしておられる。それで〈仁〉といえますかな。」

先生は、「いえないでしょうね。」と答えられた。

陽貨が、「貴殿は政治に腕を振るいたいと思っているのに、たびたび機会を逃しておられる。それで〈知〉といえますかな。」といった。

先生は、「いえないでしょうね。」と答えられた。

陽貨が、「月日は過ぎ去ってかえってこないものです。年も自分のために待ってはくれません。今こそ私に仕えるときではありませんか。」と言うと、先生は「承知しました。私もいずれお仕えしましょう。」と、角の立たない答えで受け流された。

2

先生がいわれた。

「人は生まれたときには互いに似ていて近い。しかし、学びの有無によって善にも悪にもなり、互いに遠くへだたる［性、相《あい》近し。習えば、相遠し］。」

3

つづけて、こういわれた。

「人は学びによって変化するものだ。ただし、とび抜けて賢い者と、極端に愚かな者は、変わらない。」

4

先生が、門人の子游《しゆう》が長官をしている魯の小さな町武城《ぶじよう》に行かれたとき、街で礼楽にきちんとしたがった琴の音と歌が聞こえてきた。これは子游の指導によるものだったが、このような儀礼と雅楽は国家を治めるための方法であるので、このような小さな町には大げさともいえるものであった。

その大げさにも見える子游による礼楽の指導をほほえましく思われたのか、先生はにっこり笑われて、「鶏をさくのにどうして牛切り包丁が必要なのかな。（こんな小さな町を治めるのに国家用の礼楽まで民に習わせなくてもよいのではないか。）」といわれた。

子游はこう答えた。

「以前、私、偃《えん》は先生からお聞きしました。為政者である君子が礼楽を通して〈道〉（道徳）を学ぶと人を愛するようになり、民衆が礼楽によって道を学べば、おだやかになり治安がよくなると。」

先生はいわれた。

「諸君、偃のことばの方が正しい。さっき言ったのは冗談だ。（礼楽によって道を身につけるのは、国の大小や人を選ばない。）」

5

魯国の季氏の家老であった公山不擾《こうざんふじょう》が費《ひ》という町を根拠地として季氏に叛《そむ》いた。公山は先生を正式にお招きした。先生が行こうとされると、子路《しろ》はそれをよく思わず、「行かれることはありませんよ。どうして公山一族などのところにお行きになられるのですか。」といった。

先生はこういわれた。

「こうして私を招く以上、単なる呼びかけでなく、私を用いようとしているのだろう。もし私を用いてくれる者があるならば、この東方のわが国に周《しゅう》王朝の理想を再興しようじゃないか。」

（最終的には、先生は公山一族のところには行かれず、公山は結局敗れて他国へと亡命した。）

6

子張《しちょう》が〈仁〉のことをおたずねした。

先生はいわれた。

「五つのことを世に行なうことができれば、仁といえるね。」

子張がさらにおたずねすると、こういわれた。

「その五つとは、恭・寛・信・敏・恵だ。〈恭〉、つまりつつしみ深くしていれば、人から侮《あなど》られない。〈寛〉、つまり人に寛容で心が広ければ、人々の心を得ることができる。〈信〉、つまり言行が一致して誠があれば、人から信頼され仕事を任される。〈敏〉、つまり機敏に実行するなら功績があがる。〈恵〉、つまり他人に財を分かち与えるなら、うまく人を使うことができる。」

7

晋国《しん》の大夫《たいふ》、趙簡子《ちょうかんし》の家臣である仏肸《ひつきつ》が先生をお招きした。

先生が行かれようとしたので、子路はお止めして、こういった。

「以前、わたくし由《ゆう》は、先生からこう教えていただきました。自分から不善をなすような者のところには、君子は仲間入りしない、と。仏肸は趙簡子が管理している中牟《ちゅうぼう》という地の長官でありながら、そこを根拠地として趙簡子に叛いています。そのような者のところへ先生が行かれるのは、いかがなものでしょうか。」

先生はいわれた。

「たしかに、そういうことをいったね。しかし諺《ことわざ》にも、『本当に堅いものなら、研《と》いでも薄くはならない』、『本当に白いものなら、黒土にまぶしても黒くはならない』というではないか。（私は薄くも、黒くもならない。）それに、私は苦瓜でもあるまい。ぶらさがっていて、だれにも食われない、というのではなく、用いてくれる人がいるなら力を発揮したいものではないか。」

8

先生が子路にこういわれた。

「由よ、おまえは六言の美徳（仁・知・信・直・勇・剛）と六つの害について、聞いたことがあるか。」

子路が起立して、「まだ承ったことがありません。」と答えると、先生はこういわれた。

「まあ、おすわり。では話してあげよう。〈仁〉を好んでも学問をなさないと、その害として愚かになる。〈知〉を好んでも学問を好まないと、害として理屈ばかりが先行してとりとめがなくなる。〈信〉を好んでも学問を好まないと、つまらないことに対して、誠実すぎたり盲信したりして人や自分を傷つける。〈直〉を好んでも学問を好まないと、人に厳しくなりすぎて情が足りなくなる。〈勇〉を好んでも学問を好まないと、乱暴になったり秩序を乱したりする。〈剛〉(決心が堅いこと)を好んでも学問を好まないと、まわりを見ずに性急に目標を達成しようとする独善に陥る。(六徳はもちろんすばらしいものではあるが、害を避けるためには、学問をして磨きをかける必要がある。)」

9

先生が弟子たちにいわれた。

「おまえたちは、どうしてあの詩三百篇を学ばないのだ。詩を朗誦すれば、志や感情が高められ、ものごとを観る目が養われ、人とうまくやっていけるし、怨《うら》むようなときも怒りにまかせることなく処することができるようになる。近く父に仕え、遠く国君に仕えるのにも役立つ。そのうえ、鳥獣草木の名前をたくさん識《し》ることができる。」

10

先生がご子息の伯魚《はくぎょ》（鯉《り》）に向かっていわれた。

「おまえは『詩経《しきょう》』の冒頭の周南《しゅうなん》と召南《しょうなん》の詩を学んだか。あれには道徳の基本が含まれている。人として周南・召南の詩を学ばないというのは、塀にぴったり向かって立ち、先を見ることも先に進むこともできないでいるようなものだ。」

11

先生がいわれた。

「人はよく、『礼、礼が大事だ』と言うが、儀礼をおこなうときに使う玉や絹のことだろうか。人はよく、『楽《がく》、楽が大事だ』と言うが、雅楽に用いる鐘や太鼓のことだろうか。（礼楽の本《もと》である精神を忘れ、礼楽の末《すえ》である玉帛鐘鼓《ぎょくはくしょうこ》を礼楽だと思っているのでは本末転倒だ。）」

12

先生がいわれた。

「高い位についている者で、外見は威厳ありそうにしているが、すぐに利益につられる中身のない人間は、世の中でいえば、コソ泥みたいなものだ。(見た目をとりつくろっていて、正体を見破られやしないかといつもびくびくしている。)」

13

先生がいわれた。

「一見いい人に見えるが、八方美人で人に媚《こ》びるような者は、表面上善人に見えるだけにかえって本当の徳を害するものだ。」

14

先生がいわれた。

「どこかで聞いた善いことばをそのまますぐに受け売りで話してしまう者は、それを身につけることをしないのだから、徳をむしろ棄《す》てていることになる。」

15

先生がいわれた。

「つまらない小さな人間とは、どうしてともに主君にお仕えできようか。つまらない人間は、地位を手に入れないうちは出世のことばかりを気にかけ、地位を手に入れると今度はそれを失うことばかりを心配する。そんな人間は、地位を失わないためなら、どんなことでもやりかねないよ。」

16

先生がいわれた。

「昔は人々に三つの偏った性質、狂・矜《きょう》・愚があったが、今はそれさえだめになってしまった。昔の〈狂〉というのは志がありすぎて走りすぎるきらいはあったが大きな筋《すじ》はおさえていた。しかし今の狂は気ままでやりたい放題というだけだ。昔の〈矜〉というのは自尊心がありすぎて自分を守りすぎるきらいはあったが、孤高の良さもあった。しかし、今の矜はただ人と争うだけだ。昔の〈愚〉というのは、正直すぎて愚かにも見える愚直者であったが、今の愚は人をだまし、ごまかすというだけだ。」

17

先生がいわれた。

「口ばかりうまく外見を飾る者には、ほとんど〈仁〉はないものだ［巧言令色《こうげんれいしょく》、鮮《すくな》し仁］。」

（学而第一・3に重出）

18

先生がいわれた。

「（世の中では、邪が正を脇に追いやることがある。）服の色としては朱が正式なのに、間色《かんしょく》である紫の方が広まってしまうのを、私はにくむ。みだらな鄭《てい》の国の音楽が正統な雅楽を乱すのをにくむ。口ばかりうまい小利口者が国家を覆すのをにくむ。」

19

先生が、「私はもう語って聞かせるのをやめようと思う。」といわれた。

子貢《しこう》は、「先生がもし何もおっしゃってくださらないのなら、私どもは何を伝えていけばいいのでしょうか。（どうか話すのをやめるなどとおっしゃらないでください。）」というと、先生はこういわれた。

「天は何か言うだろうか。言葉がなくても、四季はめぐっているし、すべてが育っている。天は何も言わないが、そこに教えはある。（私の言葉だけを頼りにしてはならない。）」

20

孺悲《じゆひ》というかつて先生から教えを受けたことがある者が、先生にお会いしたいと言ってきたが、先生は病気だと言って断わられた。

取りつぎの者が孺悲に伝えようと戸口を出るとすぐに、先生は瑟《しつ》（琴）を弾《ひ》いて歌い、孺悲にあえて聞こえるようにされた。（おそらく孺悲には何か落ち度があったのに対して、仮病だと当人にはっきり伝えることで反省を促したのである。）

21

宰我《さいが》が先生におたずねした。

「父母が亡くなったとき、三年の喪に服することになっていますが、一年だって十分長い期間です。君子が、三年間も通常の礼から離れてしまっては、礼は廃《すた》れてしまうと思います。三年も音楽から離れていては、音楽も崩れてしまいます。古い穀物がなくなり新しい穀物が実るのも、火をおこすのに使う木の種類がひとめぐりするのも一年周期なのですから、喪も一年でいいのではないでしょうか。」

先生はいわれた。

「一年経《た》ったなら、美味いものを食い、いい着物を着ても、おまえ自身は平気なのかね。」

「はい。平気です。」

「おまえが平気ならそれでいいだろう。喪に服しているときというのは、君子は、ものを食ってもうまくなく、音楽を聞いても楽しくなく、家にあっても落ち着かない。だから、そうしないのだ。おまえが平気だというなら、おまえ自身はそれでよいだろう。」

宰我が退出したあと、先生はいわれた。

「予《よ》（宰我）は仁（人の情）に欠けるやつだね。子どもは生まれてから三年、父母の懐にある。だから、天下で行なわれている親の喪も三年なのだ。予だって三年間、父母の懐で愛情を受けていただろうに。」

22

先生がいわれた。

「やたらと食べてばかりで一日を終え、何も考えずにだらだらしているようでは、見込みがない、すごろくや囲碁といった遊びがあるだろう。あのようなものでも何も考えず何もしないよりはましだ。」

23

子路が、「君子は〈勇〉を大事にしますか。」と先生におたずねした。

先生は、勇にかたよりがちな子路の性向をお考えになられてこういわれた。

「君子は〈勇〉ではなく〈義〉、正義・道義を第一にする。上に立つ者が勇であっても義にかけているなら反乱を起こす。一般の民が勇であっても義に欠けているなら盗みをはたらく。（単純な勇ではなく、義を第一とした大勇でなければならない。）」

24

子貢がおたずねした。

「君子でもやはり悪《にく》むということがありますでしょうか。」

先生はいわれた。

「君子も悪むことはある。他人の悪口を言いふらす者、下位の者でありながら上の者をけなし陰口を言う者、〈勇〉はあるが〈礼〉を欠いている者、果敢に行動するが道理のわからない者、こうした者たちを君子は悪むのだ。」

先生はつづけて、「賜《し》（子貢）よ、おまえもまた悪むことがあるか。」といわれた。

子貢はこう答えた。

「他人の意見や考えを盗みとって、自分の〈知〉だとしている者、単に傲慢《ごうまん》で不孫《ふそん》であるのにそれを〈勇〉だとしている者、他人の隠しごとをあばきたててそれを〈直〉（まっすぐ）だとしている者などを、わたくしは悪みます。」

25

先生がいわれた。

「教育のない女子と下々の者は、扱い方がむずかしい。近づければ、わがまま、無遠慮になるし、遠ざければ不平を持ち、こちらを怨んでくる。(慈愛とともに威厳をもって接する距離感が大切だ。)」

26

先生がいわれた。

「四十歳になって人から憎まれるようでは、まあおしまいだろうね。」

微子第十八

1

殷《いん》王朝末期、紂王《ちゅうおう》は暴君となり、無道なことを行なっていた。微《び》国を治めていた紂の兄微子《びし》は、その無道ぶりを諌《いさ》めたが聴き入れられなかったので紂のところを去り、先祖の祭りをつづけた。箕《き》国を治めていた紂王のおじ箕子《きし》は紂王を諌めて怒りを買い、奴隷の身に落ちた。同じく紂王のおじ比干《ひかん》もまた紂王を諌めたが、紂王は、「聖人の胸には七つの穴があるということだが本当だろうか。」と言って、比干の胸を割《さ》いて殺してしまった。

先生は、「殷王朝には三人の仁者、人格者がいた。」といわれた。

2

柳下恵《りゅうかけい》は魯《ろ》国で裁判長に三回任命され、三回免職された。ある人が、「それでもまだあなたはこの国を去らないのか。(自らに合う他の国を探すのがよいではないか。)」と言ったところ、こう答えた。
「まっすぐ正道を貫いていて人に仕えようとすれば、どこに行っても三度退けられます。退けられないようにと、自らの道を曲げて人に仕えるくらいなら、なにもあえて父母の国を去る必要もないでしょう。」

3

斉《せい》国の景公《けいこう》が先生を登用するに当たって、待遇について、「魯の季氏《きし》ほどにはできないが、季氏と孟氏《もうし》の中間くらいの待遇をしよう。」と言った。しかし、国内で反対され、その待遇の約束を果たせなくなったので、景公は「わたしも年老いた。貴殿をもはや登用できない。」と言った。先生は斉国を去られた。

4

先生が魯の宰相をなさっていたとき、短期間で魯国が安定し勢いが増した。隣国の斉はこの勢いを恐れ、それを乱そうと、美女八十人の歌舞団を魯国へ贈った。

最高実力者の季桓子《きかんし》は、それを受けて、夢中になり、三日も政庁に出なかった。先生は魯国の政治に絶望され、祖国を立ち去られた。（先生が五十六歳のときのことで、これが先生御一行の放浪の旅のはじまりとなった。）

5

楚《そ》国の人でわざと狂人のまねをしている接輿《せつよ》という者が、こう歌いながら、先生の乗られている車の前を通り過ぎた。

「鳳凰《ほうおう》よ、鳳凰よ、世に道がなければ隠れるはずなのに、なぜこんな乱れた世にとどまっているのか。世も末だ。過ぎたことはしかたがないが、これからのことはまだ間に合う。やめなさい、やめなさい。今の世の政治にかかわるのは危なすぎる。」

（この鳳凰とはあきらかに先生のことで、乱れたこの世の中では、世の中から離れて早く隠者になるように、とすすめているのだった。）

先生は車を下りて話をされようとしたが、接輿は小走りして避けられたので話すことができなかった。

6

隠者の長沮《ちょうそ》と桀溺《けつでき》がならんで畑を耕していた。

先生の御一行がそこを通り、先生は子路《しろ》に河の渡し場はどこかたずねさせられた。その間先生が子路の代わりに馬車の手綱を持たれていた。

長沮が、「あの馬車の手綱を持っているのはだれか。」と問うので、子路は、「孔丘《こうきゅう》です。」と答えた。長沮が、「それじゃ、あの魯の孔丘かね。」と言うので、「そうです。」と答えると、「それならあちこち巡り歩いて道を知っている上に、もの知りだそうだから、渡し場の場所くらい知ってるだろう。」と言った。

そこで子路は桀溺にたずねると、桀溺は「おまえさんはだれだね。」と言うので、「仲《ちゅう》由《ゆう》です。」と答えた。桀溺が、「それじゃ孔丘の弟子かね。」と言うので、「そうです。」と答えると、こう言った。

「滔々《とうとう》と流れ、せき止められないのは、この河だけではない。天下もすべて低きに流れて止めようがない。いったいだれとともにこの世の中を改めようというのだ。おまえさんも、いもしない立派な君主をさがして結果として人を避けている人についているよりは、世を避けて暮らすわれわれにつく方がましじゃないかね。」と言い、種に土をかける手を止めなかった。

子路は先生のところに戻り、やりとりを報告した。先生は「ふー。」とあきれられて、こう言われた。

「世が乱れているからといって、鳥や獣といっしょに暮らすわけにはいかない。この世の人々とともに生きていくのでなくて、だれといっしょに生きてゆくというのか。もし今天下に〈道〉が行なわれているのならば、私も世を変えようとは思わない。(今道がないからこそ、人々とともに変えようとしているのだ。)」

7

子路が先生のお供をしていて、後《おく》れたとき、杖で竹籠をかついでいる老人に出会った。子路が、「あなたはうちの先生を見ませんでしたか。」と聞いた。

老人は、「手足も動かさず、穀物も作らない、そんな人は『先生』とは呼べないな。」といって、杖を立てて草刈りを始めた。子路は、これはただ者ではない、と思い、敬礼した。

老人は子路を自分のうちに泊めて、鶏をつぶし、黍《きび》の飯を炊いて歓待した。また、長幼の義にしたがって、二人の子どもを呼んで年長者である子路にあいさつさせた。

翌日、子路が先生に追いついてこのことを報告すると、先生は、「隠者だ。」といって、子路に引き返してもう一度会って、先生のお考えを伝えてくるようにさせられた。ところが、老人はもう去っていた。子路は、留守番の子どもに、先生の意を伝えた。

「主君に仕えなければ、君臣の義はありません。御老人でさえ捨てられない長幼の義と同様に、君臣の義もまた捨てられないものなのです。自分ひとりが清くあろうと思って、主君に仕えないでいれば、それはかえって大きな道徳を乱すことになりましょう。君子が仕えるのは、義を実現するためです。それが現実にはむずかしいのは、もちろんわかっていますが、それでもやるのです。」

8

すぐれた世捨て人には、伯夷《はくい》・叔斉《しゅくせい》・虞仲《ぐちゅう》・夷逸《いいつ》・朱張《しゅちょう》・柳下恵《りゅうかけい》・少連《しょうれん》がいる。

先生はいわれた。

「志を高く持ち続け、その身を辱《はずかし》めることもなかったのは、伯夷と叔斉だろうね。」

柳下恵と少連については、こういわれた。

「志は低くなり、その身を辱めはしたが、言うことは道理にかなっていて、行ないも思慮にかなっていた。そんなところだろうか。」

虞仲と夷逸については、こういわれた。

「世の中から隠れて住み、言いたい放題だったが、身は清く、世の捨て方はまあ程よかった。ところで、私は彼らとはちがって、あらかじめ身の処し方を決めこむようなことはしないね。（道にしたがって、状況に柔軟に処していく。）」

9

殷王朝が滅びたあと、音楽も乱れて、音楽長である大師の摯《し》は斉に行き、それに次席の干《かん》は楚に行き、三席の繚《りょう》は蔡《さい》に行き、四席の缺《けつ》は秦《しん》へと行った。鼓《つづみ》を打つ係の方叔《ほうしゅく》は河内《かだい》に、鼗《ふりつづみ》をならす係の武《ぶ》は漢水《かんすい》に、大師の補佐官である少師の陽《よう》と磬《けい》を打つ係の襄《じょう》は海に乗り出し島に行った。

10

周《しゅう》王朝が建てられたとき、周公《しゅうこう》（旦《たん》）は、魯国の君主となって赴任する子の伯禽《はくきん》にこう教えられた。

「徳のある君主というものは、親・親族を忘れず大切にし、大臣たちが自分は信じられていないと不満を持つことがないようにし、昔なじみの知人はよほどひどいことをしないかぎりは見捨てず、一人に対して全能であることを求めないようにするものだ。」

11

かつて周の盛んなときには、一家のうちに伯達《はくたつ》・伯适《はくかつ》・仲突《ちゅうとつ》・仲忽《ちゅうこつ》・叔夜《しゅくや》・叔夏《しゅくか》・季随《きずい》・季騧《きか》という八人の英才があらわれた。(それほどに国が栄え、人材が多数輩出されていたのだ。)

子張第十九

1

子張《しちょう》がいった。

「一流の人物、〈士〉というものは、国家が危急のときは命を投げ出して事に当たり、利益を目の前にしたときは道義に反しないかを考え、祖先などの祭祀に当たってはつつしみ深くし敬いの気持ちで臨み、喪には哀しみの心情をこめる。それでまあ士としてはよろしかろう。」

2

子張がいった。

「徳を守るのに中途半端で、道を信じるのにもたいして熱心でない。そんな程度の人には、道徳があるとも、ないとも言えない。」

3

子夏《しか》の門人が交際について子張に質問した。子張は、「君の先生の子夏殿はどう言われていましたか。」とたずねた。門人は、「子夏先生は、良い者とはつきあい、良くない者とはつきあわないことだ、と教えられました。」と答えた。

子張はこういった。

「私が孔先生からうかがったことは、それとはちがいます。君子は、賢人を尊びつつも、一般の大衆も受け容れる。善き人をほめながらも、だめな人にも同情する。もしこちらが大変すぐれているならば、人に良い感化を与えるはずですから、どんな人も受け容れられる。逆にこちらが劣っているならば、向こうの方がつきあいをことわる。こちらから人を拒絶するまでもない。（つまり、人とのつきあいは拒絶するものではない、と教わりました。）」

4

子夏がいった。

「いろいろな技芸や細かな専門的知識といった小道《しょうどう》にも見るべきものはある。しかし、国家を治める遠大な事業をなすに当たって頼りになるものではない。だから、君子は国と人を治める大道《たいどう》を学び、小道を学ばないのだ。」

5

子夏がいった。

「毎日、自分の知らなかったことを新たに知るようにし、毎月、自分が覚えていること、できていることを復習して忘れないようにする。これなら学を好むといえる。」

6

子夏がいった。

「博《ひろ》く学んで、志を篤《あつ》く持ち、自分に切実なことを師友に問い、自分の身にひきつけて考えるならば、〈仁〉の徳はそうした姿勢のうちに自《おのず》から生まれるものだ。」

7

子夏がいった。
「職人はそれぞれ仕事場で仕事をする。君子は学問をして、道を極めてゆく。」

8

子夏がいった。
「小人が過ちをすると、必ずとりつくろってごまかそうとする。」

9

子夏がいった。
「君子は、接する仕方によって三つの姿に変化して見える。はなれて見ると威厳があり、近くで接してみると温和であり、その言葉を聞くときびしい。」

10

子夏がいった。

「君子は、指導者の立場にあるとき、人々に信用されてからはじめて人に働いてもらう。信頼を得ていないうちに働かせようとすると、人々は自分たちを苦しめようとしていると思うものだ。同様に、君子は、主君から信頼を得てはじめて、主君には耳の痛いきびしい意見を言うものだ。まだ信頼されていないのに、そのように諫《いさ》めると、主君は自分が単に非難されていると思うものだ。」

11

子夏がいった。

「忠信孝悌《こうてい》のような〈大徳〉については、きまりを外れないように。日常のふるまい方のような〈小徳〉については、多少ゆるくてもいい。」

12

子游《しゆう》がいった。

「子夏の弟子たちはそうじや客の接待や行儀作法については問題ないが、そうしたことは〈末《まつ》〉だ。〈本《もと》〉である道徳の原理となるとたよりない。これはいかがなものか。」

子夏はこの話を聞くと、こういった。

「ああ、言游《げんゆう》（子游）はまちがっている。君子の道を教えるのには順序がある。末を先にしたからといって、本を教えないというわけではない。弟子の力に応じて、教え方も変わってくる。たとえていえば、草木の大小によって世話の仕方がちがうようなものだ。君子の道は、難しい高尚なことを力のない者におしつけても身につくものではない。順序を問わず、なにもかも身につけるなどということは、聖人にできることで、若者に教えるには、順序を工夫する必要があるのだ。」

13

子夏がいった。

「官に就職して余力があれば学問をする。あるいは学問をして余力があれば官に就《つ》く。」

14

子游がいった。

「喪には、哀しみを極めるというのでよい。(哀しみが極まりすぎて死に至るというのは誤りだ。)」

15

子游がいった。

「わが友子張は、人のなし難いことをなす力がある。しかし、まだ〈仁〉、人格の完成には至っていない。」

16

曾子《そうし》がいわれた。

「見た目は実に堂々たるものだね、子張は。しかし、いっしょに〈仁〉を行なうのは難しい。」

17

曾子がいわれた。

「先生からこうお聞きした。『人は自ら真情を出し尽すということはまずない。あるとすれば親が亡くなったときだろう。』」

18

曾子がいわれた。

「先生からこうお聞きした。『孟荘子《もうそうし》のした親孝行はまねできるものも多いが、まねできないのは喪に服していた三年間、亡父の臣下をそのまま用い、政《まつりごと》のやり方を変えなかったという点だ。』」

19

魯《ろ》の大夫《たいふ》の孟氏が、曾子の弟子の陽膚《ようふ》を司法（裁判）の長に任命した。陽膚は曾子にそのやり方、心得についてたずねた。

曾子はいわれた。

「為政者が正しい道を失っているために、民も乱れてしまってから長くたっている。だから、もし犯罪の実情をつかんだとしても、自分の知力でそれをつかんだことを喜んではならない。それにあわれみを感じるべきだ。」

20

子貢《しこう》がいった。

「殷《いん》の紂王《ちゅうおう》は極悪人のようにいわれているが、紂の不善はそこまでひどくはない。しかし、一度悪徳者という烙印《らくいん》を押されてしまうと、それが拡大して伝えられる。川の下流に水が集まるように、悪の評判が集められ実際以上の大悪人にされてしまう。だから君子は川の下流、つまり悪の評価が集まるような悪い立場にいるのを避ける。世の中の悪がみな、その下流にいる者に集まってしまうからだ。」

21

子貢がいった。

「君子の過ちは、日食や月食に似ている。君子は自分の過ちをごまかしたりしないので、日食・月食のようにだれの目にもはっきり見える。すぐに欠けたところが改められるところも似ている。再び輝きを取り戻した姿を人々は仰ぎ見て尊敬をする。」

22

衛《えい》国の大夫、公孫朝《こうそんちょう》が子貢に、「仲尼《ちゅうじ》（孔子）はどこで勉強したのか。」と質問をした。

子貢は、こう答えた。

「周《しゅう》の文王《ぶんおう》と武王《ぶおう》の道は衰えたといっても、まだ地に墜《お》ちてはいません。人の心の中に生きています。すぐれた人は、その道の大事なところを覚えており、すぐれてない人でもこまごましたことを覚えております。

つまり文王・武王の道はどこにでもありましたから、先生はそれを学ばれました。先生はだれにでも、どこででも学ばれました。ですから、きまった一人の師の弟子となって学んだというわけではありません。」

23

魯の大夫、叔孫武叔《しゅくそんぶしゅく》が政庁で同僚の大夫にこういった。

「子貢は、先生の仲尼（孔子）より上だな。」

子服景伯《しふくけいはく》は、子貢にその話を報《しら》せた。子貢はいった。

「屋敷の塀にたとえていえば、私の塀の高さはせいぜい肩までといったところです。だから、部屋の中がきれいなのが覗《のぞ》けるのです。一方、先生の塀の高さは身の丈の数倍もありますから、門を見つけて入るのでなければ、その宗廟《そうびょう》の見事さや多くの役人が並んでいる壮観は見られません。しかし、その門から入ることができる者は少ないのですから、叔孫武叔が言うことも、まあ、もっともでしょう。（先生の真価は偉大すぎて、だれにでも簡単にわかるものではない。）」

24

叔孫武叔が孔子の悪口をいったので、子貢はこういった。

「そういうことはおやめになったほうがよいですよ。先生の悪口など言えるものではありません。他の賢者はせいぜい丘のようなもので、まだ越えていくことができますが、先生は太陽や月のようなものです。越えていくことなどできません。他人が絶交しようとしたところで、太陽や月が傷つくことはありえません。自らの身の程知らずっぷりを宣伝することになるだけです。」

25

陳子禽《ちんしきん》が子貢にいった。

「あなたは謙遜なさっておいでだ。先生の仲尼があなた以上にすぐれていることなど、ありますまい。」

子貢はいった。

「君子は、一言言うだけで見識があるとされ、一言言うだけで不見識とされるものです。ですから、言葉には慎重でなくてはなりません。(先生より私がすぐれているなどとは決して言えません。)先生の及びがたさは、天には梯子《はしご》をかけて昇れないようなものです。もし先生が国政を担当なさっていたら、いわゆる『民の生活を成り立たせようとすればすぐに成り立ち、民を指導すれば従い、民を安んじれば集まってきて、民を励ませばみな仲好く暮らす』ということになったでしょう。生前はにぎやかに栄え、亡くなったときにはみなが悲しんだ。こういう方に及ぶことができるでしょうか。」

堯曰第二十

1

古代の聖王である堯《ぎょう》が、自らの後継者である舜《しゅん》に天子の位を譲るときに、こういった。

「ああ、なんじ舜よ。天の定めはなんじの身にあって、いま天子の位を継ぐことになる。しっかりと中庸《ちゅうよう》を保って政治せよ。そうせずに天下が困窮することになれば、その天の定めも永遠に消え失せてしまうだろう。」

舜もまた、後継者である禹《う》に同じく天子の位を譲るときに、同じ言葉を告げた。

禹の建てた夏《か》王朝には、後に桀《けつ》という暴君が出たため、湯《とう》がこれを討ち殷《いん》王朝が建ったのだが、その湯王はこのようにいった。

「ふつつかなる私、履《り》は、ここに黒い雄牛を捧げて、はっきりと偉大な天帝に申し上げます。罪人である桀は厳正に処罰します。天下の賢人は、これを蔽《おお》い隠すことなく用います。

悪人も賢人も、天帝の御心にしたがって私意をまじえません。私の身に罪がありましたら、私を罰して万民は罰しないでくださいませ。万民に罪がありましたら、それは私の身に罰を下してくださいますように。」

その殷王朝の末期、暴君の紂王《ちゅうおう》が出たとき、それを討った周の武王《しゅうぶおう》は次のようにいった。

「周には天の賜物がある。人材が豊富なのだ。近い親戚よりも、もっと頼りになるのはすぐれた人材だ。また、人々にあやまちがあれば、その責めは私ひとりが負う。」

2

秤《はかり》や桝目を正しくし、制度をきちんと定め、必要な官職を復活させれば、四方の行政はうまくゆく。滅んだ国を復興させ、絶えた家を継がせ、乱れた世から隠れていた有為の人材を登用すれば、天下の人々は帰服する。大切なのは、民であり、食糧であり、喪であり、祭りである。

3

〈寛〉、つまりおおらかで寛容であれば、人々の支持を得る。〈信〉、つまり言行一致であれば、人々から信用される。〈敏〉、つまり行動が機敏であれば、功績が上がる。〈公〉、つまり公平であれば、人々に喜ばれる。

4

子張《しちょう》が先生に、「政治を行なうには、どのようなことが必要でしょうか。」とおたずねした。

先生はこういわれた。

「〈五美〉を尊び、〈四悪〉をしりぞければ、政治を行うことができる。」

子張がいった。

「五美、五つの美点とはどのようなものでしょうか。」

先生がいわれた。

「適切な恵みを民に与えるが、ばらまきはしない。人を使って労働させても怨《うら》まれない。何かを求めることはあっても、むさぼらない。ゆったりしているが驕《おご》りはない。威厳はあっても、荒々しさはない。これが五美だ。」

子張が、「恵んでもばらまきはしない、とはどういうことですか。」とおたずねした。

先生は五美すべてについて詳しく述べられた。

「民が利益と思うことを適切に与える、これが恵んでもばらまきはしないということだ。民にとっての必要性がはっきりした労働をえらんで労働させるのなら、怨まれることはない。求めるといっても仁を求め仁を得るのならば、貪《むさぼ》るということはありえない。君子は、人の多少や、事の大小にかかわらず侮《あなど》るということはないから、ゆったりしていても驕ることはない。身につける衣や冠をきちんとし、目をまっすぐ向け、おごそかにしていると、人々が見て畏敬の念を持つ。これが威厳はあっても荒々しさ、猛々しさはない、ということだ。」

子張がいった。

「四悪、四つの悪いこととは、どのようなものでしょうか。」

先生はいわれた。

「ふだんから民に教育を施さないでいて、悪事をなしたときに死刑にするのは、むごく残酷だ。これを〈虐《ぎやく》〉という。注意をすることなく、いきなり成績を検査するのは不意打ちでよくない。これを〈暴〉という。命令はゆるくしていて、期日どおりにできていないとして罰する。これを〈賊〉という。当然出すべき民へのお金を出しおしみする。これを

〈有司〉（財物の出入りを管理するせこい役人）という。これが君子のしてはならない四悪だ。」

5

先生がいわれた。

「自らの〈命《めい》〉、天命・運命がわからないようでは、君子といえない。〈礼〉、社会の規範がわからないようでは、世の中で自ら立つことはできない。〈言〉、人の言葉の真意がわからないようでは、人を理解することはできない。」

解説

『論語』は古典中の古典です。しかし、この書物に読む価値があるのは、ただそれだけによるものではありません。『論語』は、現代日本でまさに「今」読まれるべき本です。

現代日本では、さまざまな問題が山積みになっています。しかし、その根本の原因は、と考えると、それは精神的な拠《よ》り所がない、というところにあると思います。心がゆらぎやすく、折れやすくなっている。心がゆらぐのは、まだいいのです。ゆらぎには、柔軟性という一面もありますから。けれども、「折れる」のはまずい。「精神の基準」がなくなって、——なくなってというか、液状化してしまって——、その帰結として、経済状況の悪化などという事態が出てくる。逆にいえば、精神の基準があって、それを軸に前を向いて学んでいけば、たとえば国際競争力だって、これはむしろ高まらざるをえないくらいのものです。

では、その精神を培《つちか》う基準というものをどこに求めるか。そのひとつが、『論語』だろ

う と思います。ことは精神にかかわるものですから、いきなり外からなじみのないものを持ってきたところで、それを培うには足りません。実は、『論語』というのは、すでに日本文化の一部として、われわれの深いところに流れているのです。だから、土壌としてはある。ただ、それを耕すのを怠っていた、というのが現状なのです。問題はそれをどうやって掘り起こすのか、ということでしょう。

さいわい、いまそれをもう一度掘り返そうという気運も出てきました。私も十年前、『声に出して読みたい日本語』（草思社）という本を出しましたが、これも『論語』に代表される素読《そどく》の復権、ということを考えつつ行なった仕事でした。

ところで、『論語』を「精神の基準」とするときに、いちばん核になる考え方というのはなんでしょうか。私は、それは、「学ぶことを中心として人生を作り上げていること」だと思います。今回、『論語』を訳していて、いちばん共感したのも、まずこの点でした。

教育者は、人を教育する、ということ以前に、「学び続けることが生きることだ」と心底考えているということ、そしてそれを自身で実践していることが何よりも重要です。そして、その点、孔子は理想の教育者です。このような教育者は、直接、狭い意味での「教育」をしなかったとしても、その感化力で人を動かしてしまいます。日本でいえば、幕末の吉田松陰《よしだしょういん》なんかもそのタイプの人間でしょう（彼もまた、もちろん『論語』『孟子《もうし》』を読んでいました）。

「学ぶ」ことはひとりではできません。『論語』に特徴的なのは、「やりとり」が多く収められているということです。孔子自身の思想は、もちろんそこに含まれているのですけれども、その思想を体系的に叙述したものではありません。

ある弟子に聞かれたことに対して、孔子がコメントを返す。即興で出てきているのですが、たいへんな鋭さと深さを持っている。それは二千五百年後の現代の日本人に対しても、ぐさりと突き刺さってくるほどのものです。「ああ、これはまさにいまの自分のこのことに対して言っているのだな」という感じを持ってしまう。まるで達人鍼灸師《しんきゅうし》の鍼《はり》のようにツボにくるわけです。

孔子の言葉にある、厳しさと温かさ、そしてときに交えるユーモア。孔子の冗談に、本気で反論する弟子、それに対して、「いや、あれは冗談なんだよ、でもお前がいうとおりだね」とさらに返す孔子（陽貨第十七・4）。ほほえましい場面でありながら、ここにはまた弟子が先生を引き出す、啓発《けいはつ》する、という姿があります。

弟子たちもすばらしく優秀な者揃いというわけではありません。「もういい年だろうに、まだこんな質問をするのか」という場面も何度か出てきます。しかし、それに対しての孔子の、手抜きのない、温かく的確な答え。

自分自身で学び、弟子たちとも議論をする。それによって、お互いに高めあうことができる。孔子はそう考えています。だから人から批判を受けても、「私は、幸せだ。過ちを指摘してくれる人がいる」（述而第七・30）と心から言える。

そして、やわらかく他者を受け入れていくそういう人格が、学び続けていくことで、「一を以て貫く」（里仁第四・15、衛霊公第十五・3）という信念を持つ。

信念の強さと柔軟性というのは両立させるのがなかなかむずかしい。それが「学ぶ存在としての人間」という生き方から、ふたつとも力強く出てくる。これこそ、『論語』を訳していて、いちばん伝わってほしい、と感じているところです。

かつては、日本全体が学びの意欲に燃えていた時代、というのがたしかにありました。寺子屋の時代から、明治になって社会的な新しい文物を取り入れようとした時代。しかし、いまの日本で、「一生学び続けたい」という意欲に燃えている人がどれだけいるでしょうか。日本人は、潜在的にはその力を持ち続けていると思います。しかし、それを活性化させるには、きっかけが必要です。

孔子とその弟子たちには、学ぶ意欲と教育欲、まるで本能のように内側から突き上げてくる、この力にあふれていました。故郷を離れ、他国で流浪の状態にある、そんな逆境の中でも、学びに対しての強烈な意欲を感じさせる言葉を吐く。これは現代のわれわれにとっても強い刺激となって、内なる欲求を呼び覚ますことでしょう。

訳には一年半かかりました。訳は、まずすべて手書きでやってみました。考えながら、時間をかけて紙に書きつける、というのはおもしろいもので、だんだんその人間の肉声を感じられるようになってくるものです。そこで自分の中に形成されてきた孔子の全体像にしたがって、もっともしっくりくる解釈を選びました。一文ずつの正確さに配慮したのは言うまでもありませんが、それと同時に全体の空気も再現するよう努めました。

もちろん、完全な理解に達した、というつもりはありません。しかし、二千五百年離れているのをいいことに、あまり崇高《すうこう》で手が届かないものとしてではなく（弟子の顔回《がんかい》は、孔子の及びがたさについて嘆息していますが（子罕第九・11）、実際に目の前にいたら、それはそうだったでしょう）、はっきりと、共感できる、クリアな人物としての孔子を自分の中に形成させてもらい、それをわかりやすく伝えることを主眼として訳しました。

訳の解釈はいろいろあります。たとえば、「徳は孤ならず」という句があります（里仁第四・25）。私は最初、これを「徳のある人間は孤立しない。必ず仲間ができるはずだ」というように訳してみたのですが、訳を進めていくうちに、これは、「数々の徳目はそれぞれつながっているものであって、バラバラに孤立しているものではない。ひとつの徳が向上すれば、他の徳もそれについてくる」という解釈の方がしっくりくるように思えてきました。

これは私の「解釈」ですから、こちらの方が客観的に言って正解だ、というわけではありません。しかし、訳を続けているうちに、不思議なことに自分の中に「孔子」ができてくるのです。

最初は、もちろん、孔子の言葉を弟子の立場で聞くようなつもりで訳していて、その立場自体は最後まであったのですが、それとは別に孔子の気持ちが乗り移ってくるような気がしてくるのです。「こんなことがどうしてわかんないんだ」という苛立《いらだ》ち、「これだけはぜひ伝えたい」という熱意、「世の中はなんでこんなななんだろう」という不満、そういう感情が湧きあがってくるのです。孔子というのは、非常に人間くさい人で、そういう意味では、雲の上の相手ではなく、非常に感情移入がしやすいのです。

湧き上がる感情というのが、孔子にはある。もちろんそれはきちんとコントロールするのですけれども、それが一種のミッション、使命感としての感情――『論語』の言葉でいうと「命《めい》」でしょうか――にまで高まってくる。感情というと、普通個人的なものに思われがちですが、そうではなくて、弟子たちに対する、あるいは社会に対する、そして天に対しての使命感というものになる。

そして、それが基になって、さまざまなものに対しての「憤」、いきどおり、を感じる。この「憤」というのは、「発憤《はっぷん》」というときの「憤」です。「憤りを発してはすなわち食を忘れる」という言葉が、当の『論語』にありますが（述而第七・18）、まさに精神の湧き上がりを人に伝えずにはいられない、そういう人間だったからこそ、人を惹《ひ》きつけることができたのだ、と思います。たとえ、社会的に不遇であっても、その魅力で人が寄ってくる。「人間的魅力」というのは何か、とはなかなか定義しがたいものですが、その優れた例のひとつを、『論語』を読むことによって体験できるのです。

原文については、金谷治《かなやおさむ》『論語』（岩波文庫）を底本とし（ただし、節の区切りについては他の説をとったところもあります）、解釈については、先行の諸訳、諸解説を参考にしました。参照したすべての本の書名をあげることはできませんが、前述の金谷治訳、宇野哲人《うのてつと》『論語新釈』（講談社学術文庫）、加地伸行《かじのぶゆき》全訳注『論語　増補版』（講談社学術文庫）には、特に大きな裨益《ひえき》を受けました。記して感謝いたします。

『論語』の解釈には、古注、新注をはじめ、日本でも伊藤仁斎《いとうじんさい》、荻生徂徠《おぎゅうそらい》以来、それこそ現代の諸訳に至るまで、水準の高い、しかし、それぞれ相異なる解釈がたくさんあります。本書では、それを並列的に紹介するのではなく、あれこれを参照したのち綜合的な判断で訳を作成しました。原文や、それぞれの学派による解釈については、ほかの書物を参照していただければ、と思います。

ちくま新書
877

現代語《げんだいご》訳《やく》 論語《ろんご》

二〇一〇年一二月一〇日 第一刷発行
二〇二五年 四 月一五日 第二一刷発行

訳　者　齋藤孝（さいとう・たかし）
発行者　増田健史
発行所　株式会社筑摩書房
東京都台東区蔵前二-五-三　郵便番号一一一-八七五五
電話番号〇三-五六八七-二六〇一（代表）
装幀者　間村俊一
印刷・製本　株式会社精興社

ISBN978-4-480-06578-0　C0210

ちくま新書

732
甲骨文字に歴史をよむ
落合淳思
漢字の原型である甲骨文字は、どんな世界・どんな社会・どんな信仰において書き記されたのだろうか？　その成り立ちや読み方を解説しながら、古代文明の姿を覗く。

678
日曜日に読む『荘子』
山田史生
日曜日、酒のお供にと取り出した『荘子』。雲をつかむような言葉に連れられ著者の独酌と思考は進んでいく。「わからなさ」の醍醐味に触れる中国思想談義。

856
下から目線で読む『孫子』
山田史生
支配者たちの座右の書とされてきた『孫子』。これを正反対の立場から読むと、また違った側面が見えてくる。類例のない、それでいて肩の凝らない古典エッセー。

859
倭人伝を読みなおす
森浩一
開けた都市、文字の使用、大陸の情勢に機敏に反応する外交。――古代史の一級資料「倭人伝」を正確に読みとき、当時の活気あふれる倭の姿を浮き彫りにする。

876
古事記を読みなおす
三浦佑之
日本書紀には存在しない出雲神話がなぜ古事記では語られるのか？　序文のいう編纂の経緯は真実か？　この歴史書の謎を解きあかし、神話や伝承の古層を掘りおこす。

864
歴史の中の『新約聖書』
加藤隆
新約聖書の複雑な性格を理解するには、その成立までの経緯を知る必要がある。一神教的伝統、イエスの意義、初期キリスト教の在り方までをおさえて読む入門書。

537
無宗教からの『歎異抄』読解
阿満利麿
真の宗教心はどんな生き方をひらくものか？　無宗教者の視点から『歎異抄』を読み解くことで、無力な自己が自在な精神をつかむ過程を探り、宗教とは何かを示す。

ちくま新書

211 子どもたちはなぜキレるのか　齋藤孝
メルトダウンした教育はどうすれば建て直せるか。個性尊重と管理強化の間を揺れる既成の論に楔を打ち込み、新たな処方箋として伝統的身体文化の継承を提案する。

691 日本を教育した人々　齋藤孝
資源に乏しい島国・日本にとって、未来のすべては「人づくり」にある。吉田松陰、福沢諭吉、夏目漱石、司馬遼太郎を例に、劣化する日本の再生の可能性を考える。

329 教育改革の幻想　苅谷剛彦
新学習指導要領がめざす「ゆとり」や「子ども中心主義」は本当に子どもたちのためになるものなのか？　教育と日本社会のゆくえを見据えて緊急提言する。

359 学力低下論争　市川伸一
子どもの学力が低下している⁉　この認識をめぐり激化した巨大論争を明快にときほぐし、あるべき改革への第一歩を提示する。「ゆとり」より「みのり」ある教育を！

399 教えることの復権　大村はま　苅谷剛彦・夏子
詰め込みかゆとり教育か。今再びこの国の教育が揺れている。教室と授業に賭けた一教師の息の長い仕事を通して、もう一度正面から「教えること」を考え直す。

421 行儀よくしろ。　清水義範
教育論は学力論だけではない。今本当に必要な教育は、道をきかれてどう答えるか、困っている人をどう助けるか等の文化の継承である。美しい日本人になることだ。

522 考えあう技術——教育と社会を哲学する　苅谷剛彦　西研
「ゆとり教育」から「学びのすすめ」へ、文教方針が大転換した。この間、忘れられた、「学び」と「教え」の関係性について、教育社会学者と哲学者が大議論する。

ちくま新書

543 義務教育を問いなおす　藤田英典
義務教育の改革が急ピッチで進められている。だが、その方途は正しいのか。義務教育制度の意義と問題点を見つめなおし、改革の道筋を照らす教育社会学の成果。

547 「ダメな教師」の見分け方　戸田忠雄
改革はなぜ迷走するのか。公私立高校の教員から校長、予備校の運営まであらゆる現場を経験した著者が、組合やPTAとの関係など「先生」の世界のすべてを抉り出す。

679 大学の教育力——何を教え、学ぶか　金子元久
日本の大学が直面する課題を、歴史的かつグローバルな文脈のなかで捉えなおし、高等教育が確実な「教育力」をもつための方途を考える。大学関係者必読の一冊。

828 教育改革のゆくえ——国から地方へ　小川正人
二〇〇〇年以降、激動の理由は？　文教族・文科省・内閣のパワーバランスの変化を明らかにし、内閣主導の現在、教育が政治の食い物にされないための方策を考える。

862 ウェブで学ぶ——オープンエデュケーションと知の革命　梅田望夫　飯吉透
ウェブ進化の最良の部分を生かしたオープンエデュケーション。アメリカ発で全世界に拡がる、そのムーブメントの核心をとらえ、教育の新たな可能性を提示する。

817 教育の職業的意義——若者、学校、社会をつなぐ　本田由紀
このままでは、教育も仕事も、若者たちにとって壮大な詐欺でしかない。教育と社会との壊れた連環を修復し、日本社会の再編を考える。

860 子供をふつうに育てたい　長山靖生
児童虐待や親殺し、子殺しは、特殊な家庭で起きるのではない。親が子を愛しすぎるために起きるのだ。ふつうの幸せのために、いま親ができることは何かを考える。

ちくま新書

769 **独学の精神** 前田英樹

無教養な人間の山を生んだ教育制度。世にはびこる賢しらな教育論。そこに決定的に欠けた視座とは？ 身ひとつで学び生きるという人間本来のあり方から説く学問論。

700 **できる大人はこう考える** 高瀬淳一

「非常識な人」と言われないためには、どんな話し方・文章表現が求められているのだろうか？ 「社会的に妥当な考え方」が身につく、待望のトレーニングブック。

812 **その言い方が人を怒らせる** ——ことばの危機管理術 加藤重広

適確に伝えるには、日本語が陥りやすい表現の落とし穴を知ることだ。思い当たる「まずい」事例を豊富に取り上げ、言語学的に分析。会話の危機管理のための必携本。

564 **よく生きる** 岩田靖夫

「よく生きる」という理想は、時代や地域、民族、文化、そして宗教の違いを超えて、人々に迫る。東西の哲学や宗教をめぐり、考え、今日の課題に応答する。

848 **世直し教養論** 原宏之

後期近代の転換期に立つわれわれにとって、〈教養〉はどのような形で再定義されうるのか。文化、教育、政治、身体の各面からひとつのモデルを思考した試論。

814 **完全教祖マニュアル** 架神恭介 辰巳一世

キリスト教、イスラム、仏教などの伝統宗教から現代日本の新興宗教まで古今東西の宗教を徹底的に分析。教義や組織の作り方、奇跡の起こし方などすべてがわかる！

656 **フューチャリスト宣言** 梅田望夫 茂木健一郎

インターネットは人類が言語を獲得して以来最大の地殻変動だ！ そして「持たざる者」にとって強力な武器となる！ 未来志向の二人が、無限の可能性を語り倒す。

ちくま新書

766
現代語訳 学問のすすめ
福澤諭吉
齋藤孝訳
諭吉がすすめる「学問」とは？ 世のために動くことで自分自身も充実する生き方を示し、激動の明治時代を導いた大ベストセラーから、今すべきことが見えてくる。

827
現代語訳 論語と算盤
渋沢栄一
守屋淳訳
資本主義の本質を見抜き、日本実業界の礎となった渋沢栄一。経営・労働・人材育成など、利潤と道徳を調和させる経営哲学には、今なすべき指針がつまっている。

861
現代語訳 武士道
新渡戸稲造
山本博文訳／解説
日本人の精神の根底をなした武士道。その思想的な源泉はどこにあり、いかにして普遍性を獲得しえたのか？ 世界的反響をよんだ名著が、清新な訳と解説でいま甦る。

615
現代語訳 般若心経
玄侑宗久
人はどうしたら苦しみから自由になれるのか。言葉や概念といった理知を超え、いのちの全体性を取り戻すための手引を、現代人の実感に寄り添って語る新訳決定版。

304
「できる人」はどこがちがうのか
齋藤孝
「できる人」は上達の秘訣を持っている。それはどうすれば身につけられるか。さまざまな領域の達人たちの〈技〉を探り、二一世紀を生き抜く〈三つの力〉を提案する。

733
代表的日本人
齋藤孝
人作りの伝統は再生できるか？ 嘉納治五郎の武道力・与謝野晶子の女性力・佐藤紅緑の少年力・斎藤親子の翻訳力・岡田虎二郎の静坐力の五つの力に手がかりを探る。

723
私塾のすすめ
――ここから創造が生まれる
齋藤孝
梅田望夫
レールのない時代をサバイバルするには一生学び続ける必要がある。幕末維新期の私塾を手がかりに、ネットを現代の私塾と位置づけ、新しい学びの可能性を提示する。